亲子关系·
孩子一生的幸福密码

李中莹　汤淼淼／著／

電子工業出版社·
Publishing House of Electronics Industry
北京·BEIJING

图书在版编目（CIP）数据

亲子关系 ： 孩子一生的幸福密码 / 李中莹， 汤淼淼著. -- 北京 ： 电子工业出版社， 2025. 1 (2025.8 重印). -- ISBN 978-7-121-49417-8

Ⅰ. G78

中国国家版本馆 CIP 数据核字第 2025EA0764 号

责任编辑：李楚妍（licy@phei.com.cn）
印　　刷：天津画中画印刷有限公司
装　　订：天津画中画印刷有限公司
出版发行：电子工业出版社
北京市海淀区万寿路 173 信箱　邮编：100036
开　　本：880×1230　1/32　印张：8　字数：227.84 千字
版　　次：2025 年 1 月第 1 版
印　　次：2025 年 8 月第 2 次印刷
定　　价：59.00 元

凡所购买电子工业出版社图书有缺损问题，请向购买书店调换。若书店售缺，请与本社发行部联系，联系及邮购电话：（010）88254888，88258888。

质量投诉请发邮件至 zlts@phei.com.cn，盗版侵权举报请发邮件至 dbqq@phei.com.cn。

本书咨询联系方式：（010）88254210，influence@phei.com.cn，微信号：yingxianglibook。

序一

2000年，我完成第一本书，写的就是亲子关系。当时很多人已经因为NLP[①]的学问而认识了我。我没有先写关于NLP的书，他们觉得有点奇怪。“亲子关系”在每个人心中的重要性，往往是超过他/她的觉知的。以我30年的授课及处理学员问题的经验，学员出现问题，十之八九源自与父母的关系，甚至是关键原因。

这绝不是说那些父母“不好”“做错了”“不对”，而是提示我们可以从中找到启示，让当代的父母更有效地帮助孩子成长的同时，自己也能享受满足、骄傲，获得快乐和成就感。

我生于1946年，经历过动荡的年代，也见证了我国崛起、富强、繁荣的过程。我们的文化，有深厚的历史沉淀、数千年的积累及探索；所孕育的文明，让整个民族乃至国家蒸蒸日上。

生命的传承、孩子成长过程的质量，正是保证上述地位得以维持的原因。虽然本书主题包含“孩子一生”，似是只针对一个人，其实，每个人都曾经是个孩子，做父母后拥有了自己的孩

① NLP在心理学领域被翻译成身心语言程序学。——编者注

子，身边的人也会有亲子关系方面的疑惑，甚至迷惘。我相信，这本书可以成为他们的重要参考，甚至是指引读本之一。

汤淼淼老师自2007年就跟我一起研发、推广亲子关系等学问课程，发展出一个全国性的传播平台，并且发起和参与多个极具意义的项目，把各种人才和培训产品组织起来，经由多个公益及商业性质的平台，在全国各地帮助了无数的家庭，更培育出数以千计的导师、辅导师、治疗师及传播者。

我与汤老师合作了18年，在旁见证了她的努力和成就，很是敬佩。这么多年里，汤老师对我及我的学问的认同和传播工作，更是让我铭记和感动。

2024年11月

序二

2007年，我的事业遭遇瓶颈，在人生迷茫困惑时，我接触到了李中莹老师的《重塑心灵》并深受启发。恰逢老师那时公开招聘助理，抱着试一试、希望有机会能跟随老师学习的心态，我参与了面试。结果这一试便如愿了。在2007年6月底，我非常有幸成为李中莹老师的助理。

2008年，我与李中莹老师一起创立了简快平台。转眼17年过去，这17年间，我从老师的一名普通学生到亲传弟子，事业关系也从助理发展到合作伙伴。

李中莹老师在心理学领域有着深厚的积淀和功力，他原创的“简简单单、快快乐乐”的心理学助人自助技巧——简快身心积极疗法，深受高校和专业心理工作者的认可和支持。同期推出的面向大众心理健康的“幸福关系学”系列课程，更是为广大民众提供了一条通往快乐幸福的学习之路。因为课程“一学就会、一会就能用、一用就有效”，生活中90%以上的困扰在这里都能找到解决方案，还能促进家庭和谐，因此很多人在学习和实践过程中深深受益。简快平台发展至今，已在全国近80个城市开展心理课程服务，累计培训学员超过100万人，帮助250万家庭收获幸福，影响力触及超1000万用户。这一切的发展，既是意料之外，也是情理之中。因为17年来，简快一直坚持着“助人”的初心，这一点从未改变。

这17年间，我的生活也发生了很大的变化，经历了恋爱、结婚再到成为母亲这3个人生重要的阶段。在人生的每个阶段，老师的学问都常常伴随我，帮助我解决很多难题，给予我莫大的力量和支持。所以我经常开玩笑说，遇见李中莹老师之前的人生彷佛是我的前世，如今的我无论是事业还是生活，无一不浸润着老师的学问和教诲，我整个人的身心状态乃至人生格局都得到了很大的提升，仿如新生。老师就如同我的再生父母，没有他，就没有今天的我。

2012年11月23日，我成为一位母亲。在那之前，我亲眼见证了老师很多的亲子个案，我也用老师教我的方式在怀孕期间进行了胎教，所以对于迎接这个小生命的到来，我是怀着满满的感动和信心的。可是后来随着孩子长大，从幼龄时的养育问题，到幼小分离焦虑，再到孩子上小学时友情、学业方面的烦恼，以及孩子现在面临小升初的心态调整……说实话，这一路并没有我想象中的那么从容和得心应手。我也曾因为暂时没有很好的办法帮助孩子解决困扰而彻夜失眠，但是好在有老师学问力量的加持，让我和孩子都找到了最佳的模式。如今我已经不再焦虑，而孩子的成长也是可喜的，她自信活泼、乐于助人，去年还获得了北京市“中小学市级三好学生”的荣誉称号。关于孩子的成长，我逐渐明白，完整比优秀更重要。只有人格完整的孩子才会迸发出更强大的生命力，会努力成就一个更好的自己，会超越父母的预期。

陪伴孩子成长过程中经历的各种各样的问题，兼之我从2014年起开始接触的诸多青少年个案，让我深深地体会到每个孩子都是一个独立的生命体，每个生命的成长历程也都是独一无二的，没有两个完全一样的成长故事，因此也没有一套标准化的方法，去解决所有孩子的问题。更重要的是，作为父母，我们真的能透过问题的表象“看见”我们的孩子吗？看见问题背后他们真实存在的自我和正在经历的成长过程，我们该以怎样的方式守护生命成长，而不是眼中只有“问题”呢？这些问题也使我萌发了写本书的念头。

2016年1月，在李中莹老师的理论指导及很多社会爱心人士的推动下，我们和陈香梅公益基金会共同发起了护航留守儿童心理健康的“开心屋”公益项目。项目秉承李中莹老师提出的“切断孤独的源头”和“加强同伴关系及师生关系，以代偿父母关系的缺失”这两大解决方向，我们联合了数十位心理专家，共同研发出了提升留守儿童资格感和安全感的十大心理游戏，并积极推动很多乡村学校给孩子们搭建“开心屋”这样一个具备疗愈作用的物理和心理空间。

项目持续8年，获得了中央财政资金支持，让我们得以有力量和信心持续做更多关爱孩子们的事。8年来，我们共支持了近20万名留守儿童。他们有的从内向变得开朗、有的停止了欺负同学、有的学习成绩提升了、有的变得更加勇敢和坚定，每个人都拥有了梦想……每次看到孩子们的变化和逐渐明亮的眼眸，我心中都感慨万分。感恩李中莹老师的学问，让我有机会能够学习并应用，去帮助点亮这么多的生命。

随着对儿童和青少年心理研究的不断深入，2022年，我独创了针对儿童的游戏心理疗愈模型（见下图）。

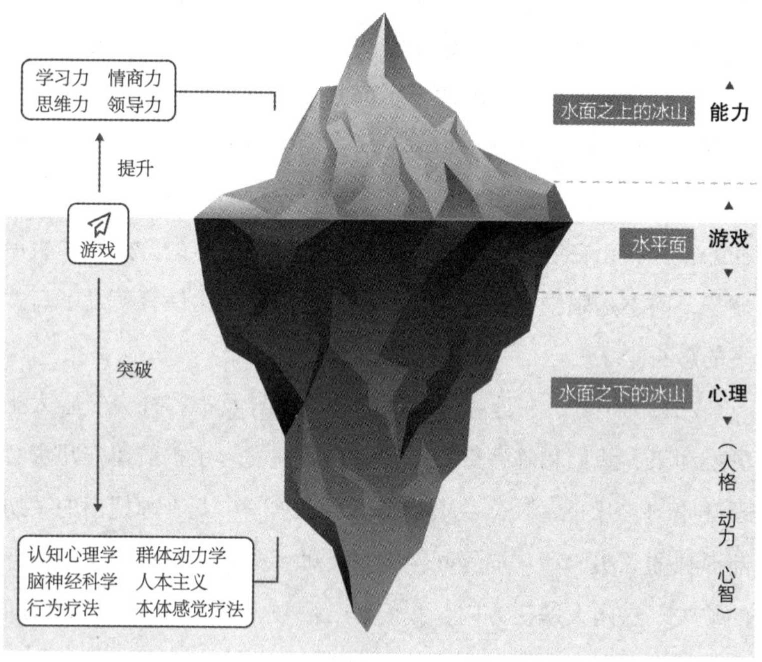

“游戏 × 心理 × 能力”儿童游戏心理疗愈模型——冰山图

水面之上，是我们日常看到的孩子呈现出来的能力，诸如学习力、情商力、思维力和领导力。但是水面之下的冰山，涵盖了孩子的很多心理因素，诸如是否具备完整独立的人格、动力、健全的心智等。而连接能力和心理的，是对儿童成长极为重要却又常常被忽视的游戏。

为此，我以激发孩子内在三大动力、培养四大能力为核心，以“三不”场域为基础，打造了“巴拉佳儿童学习力训练中心”。我们计划在全国每个学校旁边都能有一个这样放松、安全、专业的场地，借助“游戏 × 心理 × 能力”三者的“化学反应”，在护航孩子心理健康的同时，培养孩子终身学习的能力，助力孩子在成长关键期建立完整人格。这个项目推出短短两个月，全国已经有12家机构确认加盟。希望更多的有识之士加入我们，一起助力孩子成长。

本书汇总了我多年来在儿童和青少年心理健康领域的实践经验。书中所阐述的理论、方法与技巧，并非我个人的独创，而是源于我的恩师李中莹先生的学问。正如老师自谦为“好学问的信差”，我也自视为老师学问的“忠实传承者”。在深入领悟和践行老师关于亲子关系学问的过程中，我得到了很多家长的认可与支持。这些肯定赋予了我更多的信心与勇气，使我决定将这些心得整理成书，分享给广大的父母。我期望这本书能够助力大家在育儿之路上更加坚定、从容，并收获更多的幸福与满足。

最后，感恩我的父母和恩师李中莹多年的支持与教诲；感恩陈香梅公益基金会理事长师艳丽女士及北师大陶传进教授的助力，让我有机会服务更多的儿童；感谢我的先生对我无条件的支持；感谢我事业的好搭档舒瀚霆先生和陈娜女士，助力我有更多的精力投入青少年工作中；感谢资深文案张钦钦女士对文稿的精细处理；感谢我的宝贝女儿，以及我遇到的孩子们，让我有幸从一个母亲及支持者的角度重新审视生命和人生的意义。

由衷地祝福天下的父母和孩子都能彼此支持，一起收获轻松、满足、成功、快乐的人生。

2024年11月

目录

前言　有完整自我，才有孩子的美好未来　/ 001

1. “完整自我”建立的四个阶段　/ 006
2. 孩子内在的三大动力　/ 014
3. 建立完整自我的三大效果　/ 021

第一章　了解孩子的成长规律　/ 027

1. 人格发展八大阶段及培养重点　/ 028
2. 四大成长黄金阶段，遵循规律培养　/ 035
3. 别用“听话”扼杀了孩子的自我发展　/ 045
4. 培养15项能力，助力孩子走好人生路　/ 048

第二章　关系第一，有关系才有教育　/ 059

1. 关系对了，教育才有效　/ 060
2. 正确的身份：和孩子成为一伙儿的　/ 063
3. 两种“时间”，修复受伤的亲子关系　/ 068
4. 心态对了，关系才会到位　/ 074
5. 良好关系的背后，是正确的信念　/ 080

第三章　做“三不”父母　/ 091

1. 什么是“三不”　/ 092
2. “三不”的修炼一：心态　/ 094
3. “三不”的修炼二：语言　/ 101
4. “三不”的修炼三：行为　/ 113

第四章　了解孩子的情绪　/ 116

1. 孩子情绪背后的根源　/ 117
2. 应对孩子情绪，三种态度要不得　/ 120
3. 合理的引导：EQ型情绪处理法　/ 124
4. 培养孩子的情绪管理能力　/ 130
5. 情绪上头太冲动？5个技巧迅速缓解　/ 134

第五章　精准有效的沟通　/ 139

1. 亲子沟通为何那么难？　/ 140
2. “会听”比“会说”更重要　/ 145
3. 有效沟通的20条原则　/ 149
4. 掌握一个核心技巧：“先跟后带”　/ 152
5. 身份定位，决定沟通效果　/ 156

第六章　如何应对孩子沉迷手机　/ 159

1. 成瘾的真相：多巴胺奖励　/ 160
2. 沉迷的背后，是未被满足的需求　/ 162
3. 家长的负向认知，导致情绪升级　/ 165
4. 解决的三大方向　/ 168

第七章　如何让孩子爱上学习　/ 178

1. 厌学的孩子，“四无”的青少年　/ 179
2. 转变观念：学习的真正意义是什么　/ 185
3. 孩子天生会学习，只是不爱被迫学习　/ 189
4. 大脑的一个机制，两种模式　/ 192
5. 让游戏助力孩子学习　/ 195
6. 要想学得快，多用内感官　/ 200
7. 了解孩子关于学习的信念　/ 203
8. 用目标激发孩子的学习动力　/ 208

第八章　家长自我状态调控　/ 220

1. 放轻松，孩子并不需要满分父母　/ 221
2. 在爱孩子之前，请先爱你自己　/ 226
3. 爱自己的5个小技巧　/ 230
4. 连接父母，连接生命源头的爱　/ 236

结语　从“爱”出发，成就更好的亲子关系　/ 241

前言

有完整自我，才有孩子的美好未来

扫码领福利

让你读懂孩子心

我知道很多家长买这本书、翻开这本书，都是带着一些具体的亲子教育问题的，如孩子学习不好、沉迷手机、叛逆、厌学……为此甚至家中“战火”不断，让身处其中的每个人都感到既受伤又无力。家长可能很急切地想知道一些办法，想知道“我该如何做”才能改善这些现象。别着急，这些我在后面都会逐个来谈。但在说这些之前，我希望各位家长和我一起，我们先来探讨一个更底层、更核心、更关键的东西，就是关于孩子的“完整自我”。

接触过心理学的家长都知道，很多心理学流派都会谈“完整自我”的建立，为什么？因为“自我”是一切的根源。

早在100多年前，美国心理学史上最重要的人物之一、美国第一部心理学教科书《心理学原理》的作者威廉·詹姆斯曾提出：“自我是个人心理宇宙的中心。”很多研究心理的专家发现：“大多数人的痛苦，根源在于自我尚未形成。”

每个人的心理活动和行为都是以自我为参照点的。我们感知世界、形成思想和情感，以及做出决策，很大程度上都是基于我们的自我。一个人如果没有形成健康、稳定和完整的自我，他可能会遇到种种认知、情感和行为方面的障碍，导致其心理健康、能力发展和生活质量都会受到影响。因此，培养和维护一个健全的自我，是实现个人成长和幸福的关键。在孩子自我形成和发展的过程中，父母就是那个最重要也最关键的角色。

为什么“自我”的影响这么大？它又是如何影响一个人的呢？这里我借用“精神分析学之父”弗洛伊德的“三我”人格理论来做个简单的解释。弗洛伊德认为，人格结构由本我（Id）、超我（Superego）和自我（Ego）3部分组成，分别代表了人的本能冲动、社会规范和道德标准。

本我（Id）是我们人格中最原始的部分，它由我们的生物本能构成，总是追求快乐和即时满足。它藏在我们的潜意识里，没有逻辑思维和现实感知的能力，只受生存和享乐两种本能的驱使。比如，人们可能会沉迷于美食、性或者社交媒体，这些都是本我在寻求满足。如果过度追求本我的欲望，可能会导致一系列的问题。比如，形成焦虑、上瘾症等心理健康问题，导致人际关系冲突、物质依赖、身体健康问题，甚至面临道德和法律的风险。

超我（Superego）则是我们心中的道德裁判，它代表社会的规范和价值观，是我们内化了父母和他人的道德标准后形成的。超我位于意识层面，像一个严厉的监督者，不断检查我们的行为是否符合道德标准。它通常以良知和内疚感的形式出现，提醒我们什么是对的，什么是错的。如果过度追求超我，人可能会对自己过于苛刻，变成完美主义者，这样的压力可能会导致严重的内疚感和自我批评，最终引发焦虑和抑郁等情绪问题。

自我（Ego）在本我和超我之间扮演着调解者的角色，它既要满足本我对快乐的需求，又要考虑到社会的规则和现实条件。自我位于意识和潜意识之间，是我们能够意识到的部分。它通过平衡本我和超我之间的冲突，帮助我们做出决策并采取行动，以达到内外平衡。如果缺乏自我的反思和调整，我们可能会走向本我或超我的极端，难以找到生活的平衡点。

如何更好地理解这三者之间的关系呢？我举个通俗一点的例子。

比如，一个人感觉非常饿，看到卖包子的店，在“本我”的驱使下，这个人可能会直接去拿一个包子，不管三七二十一，先填饱肚子再说。然而这个时候“超我”会跳出来指责：“这是小偷的行为，不可以！”“本我”很委屈，说：“我饿了，就是要吃东西！”这时“自我”就是那个调解者，会赶紧出来劝架，并想一个办法，让“本我”花钱买一个包子，这样就既满足了“本我”的需求，也符合了“超我”的标准。

曾经有个企业家找我做咨询，他的事业很成功，但个人生活却常常伴有各种焦虑和不安，很难平衡工作和家庭，和家人的关系很糟糕。他还经常失眠、急躁，容易发脾气。通过探索发现，他在童年时期，生活在一个极其严格的家庭，父母都很严厉，容不得一点错误，因此他形成了强大的“超我”意识；而他通过工作，不断去冒险和挑战，又刺激了“本我”的欲望。他的“自我”在这两个极端之间努力寻找平衡，但由于在成长过程中被过度限制，他的“自我”没有完整地建立起来，在找寻“自我”和“超我”的平衡时就感到力不从心。通过近半年的调试，他的“自我”逐渐建立起来，他开始重新审视自己的价值观和人生目标，不再过分追求完美和过度承担责任，并学会了更好地管理自己的情绪和压力，整个人放松多了，和家人的关系越来越和谐。

从上面这个案例我们可以看到，解决个人身心状况这类问题，自我意识的培养是关键。通过提高自我觉察能力，人们可以更好地平衡自己的内心需求和外在约束，从而在决策过程中作出更明智的选择。只有当我们能够通过“自我”处理好“本我”和“超我”之间的关系时，才能实现内心的和谐，为个人的幸福快乐打下坚实基础。

成年人经营生活和事业是如此，孩子成长的过程也是一样的。如果一个孩子能够建立完整的“自我”，就像是内心有了一个强大的指南针，能够帮助他们更好地认识自己，找到学习和生活的方向。这样，他们就会有自信面对挑战，不会因为学习困难就放弃；他们能够自我控制，不会沉迷于手机；他们懂得尊重和理解他人，不会叛逆；他们明白学习的重要性，不会厌学。

一个人的自我并非一出生就完整具备，而是在后天成长过程中不断形成的。在孩子建立自我的过程中，家长正是那个最核心的因素。本书就是期望通过教会家长明白如何助力孩子拥有一个“完整自我”，从而让孩子用本有的力量去面对和解决成长过程中的种种问题和挑战，让孩子拥有更加美好的明天。

亲爱的家长，你准备好了吗？让我们一起进入成长之旅。

1. “完整自我”建立的四个阶段

前面我们介绍了什么是“自我”，那完整自我是如何形成的呢？李中莹老师认为，完整自我的形成，至少要经历由内而外的4个阶段（如下页图）。

首先，最内圈是“我”的资格感，这关乎“我”的存在感和安全感。

资格感的建立源于父母，这份资格感决定“我是一个什么样的人”，是建立完整自我最核心的部分。

比如，在动物世界，一只老虎出生的时候很弱小，没有能力照顾自己，必须靠虎爸虎妈来保护它，直到它长大，并有足够的能力照顾自己。我们人类也一样，在很弱小的时候，父母对我们的爱和关注非常重要。小时候跟父母有好的连接，总是感觉有足够的照顾和保护，资格感就会发展得很充足；小时候跟父母的关系不够好，或者没有足够的机会与父母在一起，或者即便在一起，得到的都是否定或忽略，长大了就会产生资格感的问题，存在感和安全感也会很匮乏。

孩子0～6岁是建立“资格感”的核心期，父母对我们的态度决定了我们如何看待这个世界。如果父母给予的爱与照顾不够，那么“我”的存在便受到了威胁，因为“我”有可能因此而无法“活”。

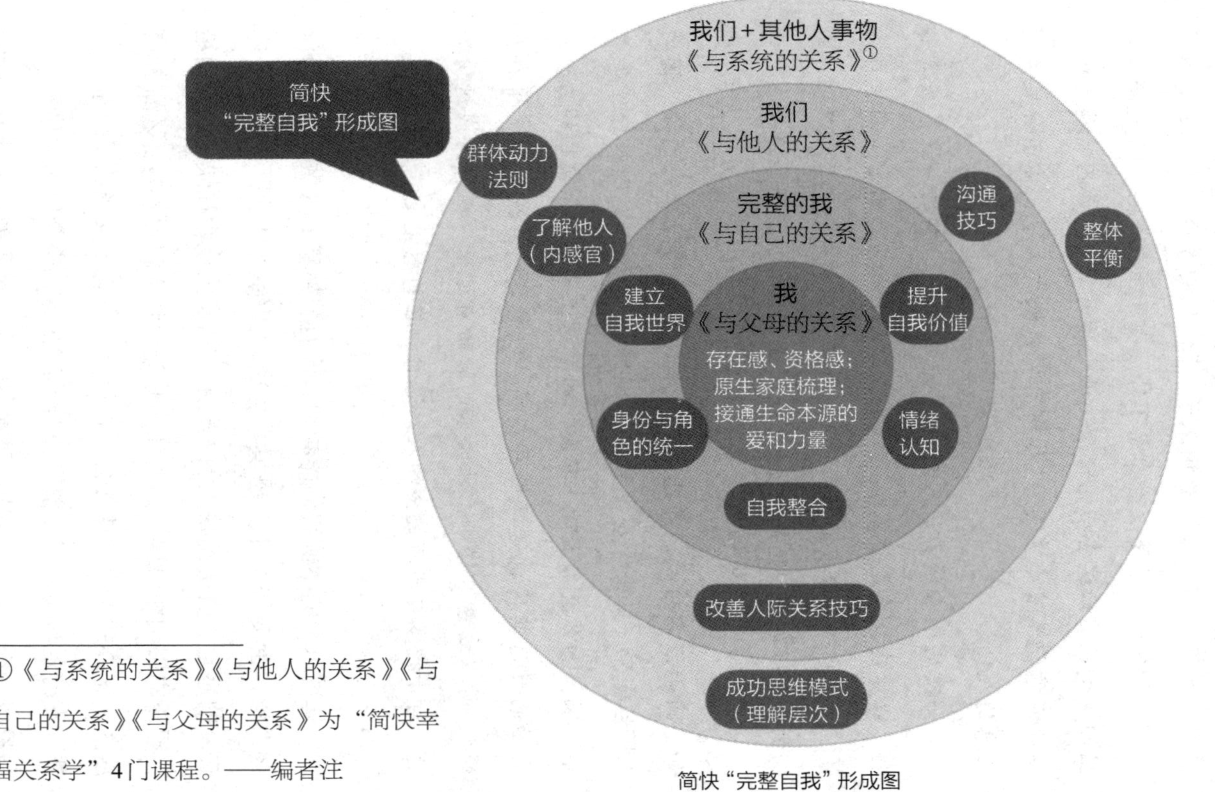

简快“完整自我”形成图

---

①《与系统的关系》《与他人的关系》《与自己的关系》《与父母的关系》为“简快幸福关系学”4门课程。——编者注

资格感的缺失时常在我们身上不经意地体现。比如，父母管教孩子很严厉，经常教训孩子："你又没考好，长大了能干什么？我看你这辈子是没啥出息了！"孩子虽然抗拒，可是潜意识里却接受了父母这些话的暗示，长大后遇到机会都有可能退缩，因为潜意识里有个声音："你哪有资格做成大事，你不会成为有出息的人！"

女孩从小常被身边人特别是父母调侃："哎哟，这丫头真丑啊，以后能找得到婆家吗？"纵然女大十八变，出落得眉清目秀了，可她内心还会有隐隐的自卑，见到心仪的帅哥也不敢接触，因为内心觉得自己"就是一个丑丫头，没有资格获得帅哥的青睐"。

还有另一种表现方式，就是我们常说的"刷存在感"。比如，孩子经常生病，是想通过这种方式得到父母的关注，因为"我生病了，父母才会关注我、照顾我"。比如，孩子经常做错事，家长怎么说都不听，其实他的潜意识是想显示自己的力量，力量的背后其实就是那份存在感，他想证明"我是有资格存在的"，所以故意做错事，让大家的眼睛看过来，来肯定我这份力量。对于很多自我不健全的人，这种存在的感觉是非常重要的。

通过以上的案例我们能看到，没有资格感的人做什么都会没有力量，会变得紧张、恐惧、忧虑，因为他对世界带着一份不安全的感觉。资格感缺失的人，会在诸多人生幸福快乐的方面给自己设立限制和障碍，因为在内心深处认为自己不能、不配拥有这些。这样的人生，往往会活得很累。只有当父母给予的爱、关注、支持足够，孩子才能有充分的存在感、安全感和资格感，才能形成一个独立的"我"。而本书的重点就是教会父母用正确的方式助力孩子建立“资格感”。

第二圈，指的是“自我价值”的提升，这关乎到“我”与自己的关系。

当“我”有份存在感时，“我”会开始关注到自己的情绪、自己身体及心理的边界感、角色，以及本能地想提升自我价值（自信、自爱、自尊），关注对自己的接纳度。

我们现在很流行一个词，叫“内耗”。内耗的核心，其实就是没处理好与自己的关系。内耗的人常因某些人和事，产生拖延、焦虑、消极、患得患失、犹豫不决、过分自责等情绪，心理资源会被大量消耗。当心理资源不足时，人就会处于内耗的状态，所以会出现没干什么就很累的状况，情绪也会有相当大的起伏与波澜，有时会莫名其妙地开心，有时也可能瞬间坠入情绪的深渊。长此以往，我们的身心都会产生巨大的问题。

作为家长，我们需要帮助孩子有效疏导情绪，用正确的方式助力孩子自信、自尊、自爱。当一个人对“自我”越了解，对“自我”的认知越清晰，就会越享受与这个世界的连接。

第三圈，指的是“我们”的建立，这关乎到“我”与他人的关系。

当“自我”诞生的时候，一个人才能真正地看到他人。人是社会性动物，当我们说“我”的时候，一定会有一个对方的存在。我们无法孤立地生活在这个世界上，周围总会有其他人、其他事物与我们相互联系，我们正是生活在一个充满各种关系的环境中。各种各样的关系，就像一面面镜子，让我们可以发现自己的盲点，就像拼图一样，把那些不够完整的自我的部分一片片拼回来。

美国心理学家亚伯拉罕·马斯洛在“需求层次理论”中，描述了人类需求的五个层次：生理需求、安全需求、社交需求、尊重需求和自我实现需求。这一理论指出，人的需求是由低级向高级不断发展的，当人们满足了较低层次的生理需求和安全需求之后，会主动追求社交需求，表达出对关系的强烈渴望。每个人都渴望在关系中“被看见”，每个人都需要借助关系来活出自己。积极的、高质量的关系是人们获得幸福感最重要的源泉，而缺乏这些可能会导致孤独感、社会孤立感或各种情感问题。

著名神经医学博士布鲁斯·D·佩里曾在他的著作《你经历了什么》中重点阐述了一个“大脑奖赏桶”的概念（如下图），我们每个人的大脑都有一个“奖赏桶”，它的状态不断影响着我们的精神状态。当我们体验到快乐或满足，如吃到美味的食物、与朋友相聚、听音乐、运动或在自然中散步，这些活动都会向我们的奖赏桶中“加注”东西。虚线是我们需要的奖赏的最低水平，只有达到这一水平，我们才感觉自己处于平衡和愉悦的状态；如果我们每天得到的奖赏在这条虚线以下，我们就会感到苦闷、空虚。

充实我们大脑奖赏桶的方式有很多种，其中最有效的方式是建立积极健康的人际关系。这些关系能够激发大脑的奖赏系统，带来持久的满足感。然而，当缺乏这种积极的人际互动时，人们往往会寻求不那么健康的方式来获得奖赏，如过度依赖高糖、高

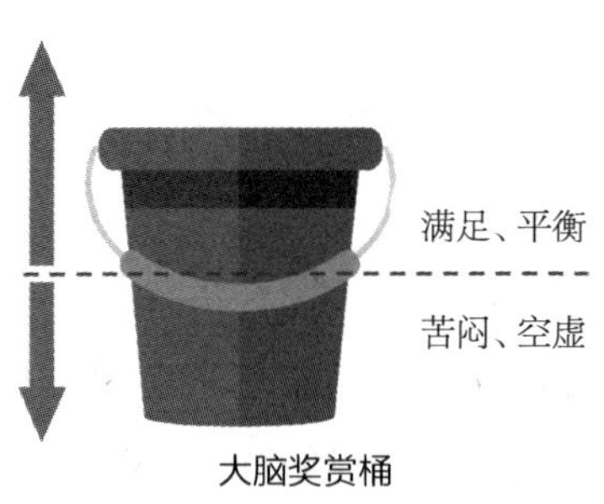

大脑奖赏桶

盐、高脂肪的食物，或是酒精等。

如今，许多孩子沉迷于手机，这在很大程度上是因为他们缺少积极的、高质量的人际关系，加上长期承受学习压力，导致他们只能通过手机、电子游戏或过度饮食来寻求大脑的奖赏。

积极的人际关系还有一个很重要的作用，就是帮助自己真正地走出孤独。《2023年度中国精神心理健康》蓝皮书显示，中小学生心理健康问题越来越突出，呈低龄化趋势，手机依赖成瘾占总数的33.4%，感到孤独占总数的40%。

在李中莹老师的研究中，“孤独”是形成青少年心理问题的一个重要源头（如下图）。

青少年心理问题发展图

亲子关系缺失，对待孩子冷漠、严厉或溺爱，父母关系不和谐，孩子经常被否定和批评、成长过程中的创伤等，这些都可能使孩子产生孤独感。当孩子感到孤独时，他内在的声音是“我很孤独，你们看看我吧”，这个时候我们还有可作为的空间。但孤独久了，孩子会因为渴望关注而不得，形成“我不值得被关注”的认知，进入一种封闭状态，内在的声音就会变成“我很孤独，但你们不要靠近我。”这个时候就很危险了。当这份孤独的能量继续往内走，就容易发展成抑郁；往外走，容易发展成暴力或焦躁。

建立积极的人际关系对我们“自我”的健康发展很重要，这时候的我们需要去了解对方，掌握沟通技巧及改善人际关系的技巧等。

第四圈，指的是人的社会性及社会价值，我们与其他人、事物的关系，这关乎我们与系统的关系。

随着年龄的增长，无论成功与否，我们终究会面临一个问题：“我的价值在哪里？”找不到持续生活和工作的意义，仿佛成了大家共有的集体焦虑。

其实我们都知道，人的自我价值与社会价值是互为前提、不可分割的。一方面，个人只有满足了自己的需要，维持了自己的生存和发展，才能对社会有所贡献，实现自己的社会价值；另一方面，个人只有对社会做出了贡献，实现了自己的社会价值，才能赢得社会的尊重，实现自我价值。自我价值与社会价值的辩证统一表明，人的价值是索取与贡献的统一、享受与创造的统一。

所以，自我的完整性，一定少不了人的社会价值。那么怎样才能实现自我价值和社会价值的平衡统一呢？在这方面，李中莹老师有三个重要观点。

第一，每个人都是系统的钟点工，负责生命的传承，为系统的壮大做贡献。所以我们在巴拉佳儿童学习力训练中心，传递给孩子“人的力量不是用于打压他人，而是用于助力他人”的观点。在一个系统中，重要的不仅是你自己多优秀，还包括你能带给系统的价值是什么。

第二，坚持“三赢”和“有效果”。“三赢”是我好、你好、世界好。一件事如果只有我好或者你好，很快就会因为被反对而做不下去；而做到双赢也不够，不符合系统利益，短期可能没事，长期看必然会付出代价。只有“三赢”才是可持续的。坚持“效果”让我们超越对错，是我们做任何事的衡量标准。一件事值不值得做，只需问问自己，这件事是有效的吗？是能让我的人生更轻松、满足、成功、快乐的吗？是不伤害自己、不伤害他人也不伤害世界的吗？如果答案都是肯定的，那放心去做总不会错。

第三，灵活。灵活会让我们的人生更自在。很多人都强调坚持，坚持目标、坚持成功、坚持进步……为了坚持，很多人宁愿把自己累死也不肯放弃。如果已经找到了既成功又快乐的道路，当然要坚持不变。可是如果这种坚持给我们带来的损失大于回报，那么及时放弃也是明智之举，一切行为都应该以效果为导向。既要坚持灵活，也要灵活地坚持，而不是只选其一。

完整自我的形成需要这四个圈的相互促进，它们没有绝对的顺序，是环环相扣、彼此影响的。从重要性出发，内圈“资格感”的形成是其中最核心的一点，源于父母对待孩子的方式、与父母的关系。如果亲子关系不够好，充满紧张、焦虑和冲突，孩子在没有存在感、安全感的氛围里成长，就很难再去一环一环地发展。

如果孩子呈现出如学习不好、沟通不畅、人际交往问题、意义感缺失、厌学……这些都是自我缺失的根源上结出的“果”。如果各位父母意识到这一点，就明白我为什么要把这个内容放在开篇，因为这是我们后续篇章的基石。

2. 孩子内在的三大动力

了解了“完整自我”形成的四个圈，我们接下来了解一下孩子内在的三大动力。正如一粒种子最终成长为参天大树，其背后蕴藏着强大的生命力。同样，孩子的成长也依赖这三股核心力量，它们不断推动着孩子们的成长与进步。

● 生命之火

在解释这个概念之前，我想先给大家讲两个动物世界的小故事。

故事一：鹿妈妈带着它的孩子们在草原上觅食，它们饿了好几天，好不容易在这里找到一点吃的。突然窜出来一群豹子，把鹿妈妈团团围住了。动物都有非常强的求生本能，这个时候如果鹿妈妈迅速逃跑，其实是有机会逃脱的，但不远处幼小的孩子们一定会暴露，成为豹子的美餐。鹿妈妈在非常短的时间里，做了一个伟大的决定，就是自己留下，换取孩子们的一线生机。所以它没有惊慌失措，而是非常平静地吸引豹子们的注意力，然后用鹿群专属的肢体动作给孩子们发出警示，让孩子们迅速离开。

故事二：一群斑羚被猎人放猎狗追杀，被逼至悬崖边，而悬崖宽阔，即使是极擅长跳跃的斑羚，也无法一次跳到对岸逃生。就在猎人窃喜，以为这次可以收获颇丰的时候，令人震惊的一幕出现了：只见斑羚群迅速地分成了两队，一队老的，一队年幼的，然后迅速地在悬崖边开始跳跃。老的斑羚先跳，然后年幼的以老的为跳板，完成第二次跳跃，就这样成功跳到了对岸，而老的就掉入悬崖，牺牲了。猎人见此情景，倍感惭愧，决定不再追杀。

看了这两个故事，相信各位父母感动之余也会感同身受，如果我们的孩子出现了危险，哪怕要献上我们的生命，做父母的也一定都会在所不惜。所以，作为生命体，我们其实都有一种本能的力量，就是完成生命的传承，推动更年轻的生命往前走，保护更年轻的下一代，这就是李中莹老师说的——生命之火。

生命之火是一种绝对的力量，是不可抗拒的，不光人类的生命如此，整个自然界的生命都遵从这个法则。每一代的生命都为整个生命系统服务，保证系统的延续、发展、壮大。并且这个系统只有一个方向，就是“向前”。这就赋予了生命两个权利：下一代比上一代更有资格活下去；**下一代比上一代更有力量把生命传递下去。**

这是大自然的规律，不管人类还是动物，都是如此。只有符合了这两个权利，生命系统才得以延续，才能不断壮大。而违背了这两个权利的系统，势必会走向衰弱。

生命之火带着足够的爱和力量完完整整传到了我们每个人身上，是一个人的“资格”最基本的根据，是每一个孩子在接受生命的时候便已获得与接受的能量。孩子通过感受父母的爱而接通这份来自生命本源的能量。反之，如果父母不采取正确的养育方式，反而会导致孩子用这份力量去抗拒父母、去内耗，就会出现无动力、力量感不够、难以建立好的关系等诸多问题。

孩子作为生命系统中的个体，作为更有资格活和活好的下一代，他们拥有绝对足够的力量——生命之火。因为有这股力量，每个孩子都能有充分的能力创造一个更好、更成功快乐的未来。父母要做的，就是用合适的方式让孩子点燃生命之火。

● 向上的动力

武志红老师提到过“人性的坐标”的概念，这个坐标有两大维度：力量和关系。

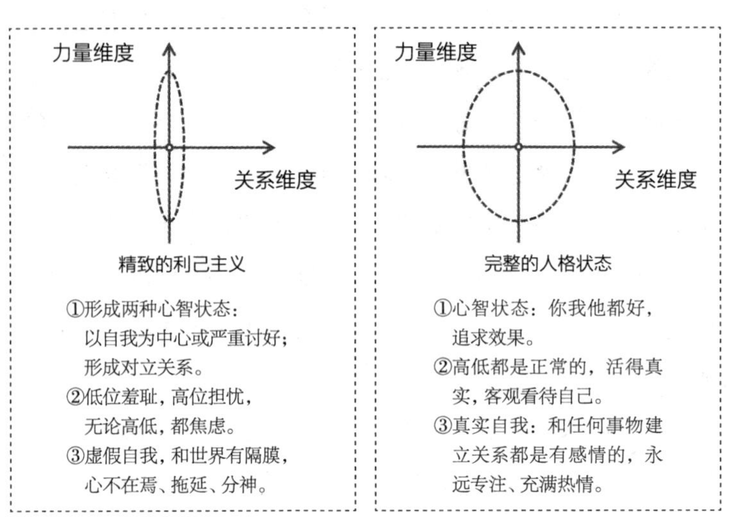

“人性的坐标”图

纵坐标是力量维度。它有两个特点，高低和天然，也就是说，向上的动力是人的本能。

当我们处在一个环境里，我们总是想要把自己展现得更好。回想当时在学校读书，我们肯定都希望自己的分数考得更高。即便是成绩不好的孩子，在能力具备的时候，他心里还是想当那个第一名对吗？当你在一个社交场合，肯定希望自己表现得体，得到更多人的欣赏和喜欢。没有人会心甘情愿屈居人后。当我做得好，我就会自发地想要更好，这就是一种“向上的力量”，是人性的本能。

因此，家长不需要去教孩子“要上进”，因为孩子天然就有这个内在动力。家长需要关注的是如何激发并保护好孩子这份向上的动力，这就是横坐标“关系维度”的作用。“关系维度”另一个名字是“爱的维度”，这个维度的特征是“平等”，是让孩子感受到爱并让孩子学会爱的维度。

当孩子处于“力量维度”的高位时，家长应及时给予鼓励；处于低位（考试失利、做错事、情绪失控等）时，需要家长给予足够的接纳空间及一起面对的力量，这样的孩子呈现出来的就会是一种相对完整的人格状态：心智方面，你好、我好、他也好，追求三赢和效果；人生状态上，可以客观认识自己的优点和缺点，活得真实。

反之，如果没有“关系维度”的承接，只剩下力量维度的高低，孩子会形成“精致的利己主义”，呈现出两种心智状态：

（1）以自我为中心或严重讨好；

（2）在任何关系里都会形成对立关系。

这样的状态，在力量维度处于低位时会感觉羞耻，高位时会担忧别人超过自己，无论高或低，都会焦虑，这就是一种虚假自我状态。当孩子处于虚假自我状态里，他的内心容易和世界产生隔膜，会出现心不在焉、拖延、容易分神等问题。巴拉佳儿童学习力训练中心有句话：“让孩子变得完整，而不是变得优秀。”

●“运用能力获得肯定”的动力

李中莹老师曾提出过一个“自信的形成链条”，清晰地呈现了建立自信的路径：感觉→尝试→经验→能力→肯定→自信→自爱→自尊。

当我们想要去做一件事，首先要有一份想要做的“感觉”，正是这份“感觉”推动我们去行动。如果没有感觉，我们不会想要去做。有了感觉之后，我们会去尝试，通过尝试获得经验，经验不断地积累，就变成了能力。到了能力这一步，很多家长可能会说：“有能力，不就是自信吗？”自信的基础是能力，但能力本身不会产生自信。能力经过别人的肯定才会形成自信。

“自信”的定义是，“我相信我自己有足够的能力，在我每天选择做的事里面，得到我所追求的那些成功快乐，而且每天都是这样，以致达到人生成功快乐这个目标。”这份“相信”就是自信。

我们常常见到身边有些人，他们可能在某方面有着超出一般人的能力，但却莫名的自卑。比如，一位程序员在编写代码方面有着超乎常人的能力，能够解决各种复杂的技术难题，然而在内心深处，他总是觉得自己不如别人。他可能会因为自己的社交技巧不如人而感到不安，或者担心自己缺乏领导力而在团队的地位不稳等。这就是从小没有得到全面的、充分的肯定导致的结果。

肯定有两种，一种是自我肯定，另一种是来自他人的肯定，最好是两种都有。

很多家长以为否定会推动孩子进步，殊不知，用否定的方式，不但不会让孩子成长，还会消耗孩子“运用能力谋求肯定”的动力。父母的否定会被孩子内化成人格的一部分，变成一个严厉的“超我”，不断打压“自我”，很多习惯性自我否定的模式就是这样产生的。

对于孩子来说，当他们在尝试一些事情，如学习和发展一项兴趣的时候，因为他们的自我处于发展中，总是不能客观地评价自己的能力，因此特别需要来自父母和他人的肯定。当他们尝试积累了一些经验和能力，同时外界能及时给予肯定，就有利于他们继续发展，让他们在这个方面产生自信。

这是我辅导过的一个案主的故事。女儿从小喜欢跳舞，这位妈妈也挺支持女儿，一直陪伴女儿学了3年民族舞，但没有参加过公开演出。在第4年的时候，女儿的学校里要搞一个民族风主题晚会，需要每个班出节目。因为女儿的同学们都知道她学民族舞，所以大家一致推举她负责出节目。那时候这位妈妈内心很焦虑，担心女儿做不好，影响了自己的学习和班级荣誉，所以她就很想请个舞蹈老师去给她们排练，但是被我劝住了。我建议她看看女儿的态度再决定。

她看到女儿虽然也有些担心和不自信，但还是想去试试，她意识到这是培养女儿自信的一个好机会。所以就调整自己的心态和想法，开始全力支持她。每次女儿在编排上有什么创意灵感，她都及时地肯定；女儿每次练习她也会在一旁欣赏、鼓掌，还发朋友圈“炫耀”。正是她的不断肯定，让原本不是很自信的女儿越来越有力量。

当然，那次女儿的表演很成功，得了舞蹈类节目第一名，然后这位妈妈的女儿就有了更多表演和编排节目的机会。经历了好几轮这样的事情之后，这位妈妈兴奋地发现，女儿在舞蹈方面的自信已经完完全全建立起来了。现在她会说：“妈妈，每当有人问谁跳舞最好，所有同学都会看向我，我也觉得我是最好的！”

很多家长担心，肯定和夸奖孩子不是会让孩子变得虚荣吗？当孩子想要谋求肯定的时候，家长总是以否定和忽视的态度，扑灭孩子内心的那股“小火苗”。最典型的就是当孩子考试考了98分，父母不会夸赞孩子的成就，而是会说“还差2分就满分了！”当孩子被否定，他内在的力量就被消耗了。

我们发现，现在的孩子不是被肯定得太多，而是太少了，孩子能被肯定的门槛也太高了！如果一个孩子形成充分的自信需要经历10000次的肯定，往往很多孩子到成年才积累到5000次，缺失的那5000次会让孩子形成限制性的信念，认为自己“不够资格”。因为我不够好，所以我没有资格成功，没有资格幸福，没有资格得到尊重和喜爱。

一个人有了足够的自信，才能培养出足够的自爱，有了足够的自爱，才能培养出足够的自尊，自信、自爱、自尊，三者共同构成“自我价值”。如果一个人没有足够的“自我价值”，就会轻视自己、看不起自己，不认同自己的“身份”，那么他就没有足够的勇气和力量成就一个成功、快乐的人生。所以，“自我价值”是我们拥有成功、快乐人生的重要本钱。

其中，最基础也最重要的，是父母在孩子自我形成的阶段，看到孩子“运用能力谋求肯定”的动力，在他们努力的过程中及时地给予充分的肯定。

3. 建立完整自我的三大效果

当一个孩子建立了完整自我，这意味着他们发展出了健康的自我认知、情绪调节能力和社交技能，这些能力有助于他们在多个层面上健康成长。

- **高效自主的学习状态、不内耗**

当孩子拥有完整的自我意识时，他们能够更好地理解自己的兴趣、优势和局限。这种自我了解，使他们能够在学习过程中设定合适的目标，选择适合自己的学习方法，从而提高学习效率。同时，由于他们对自己的能力和价值有正确认知，遇到挑战时不会轻易自我怀疑或感到沮丧，而是能够积极面对困难，寻找解决问题的方法。这样的态度减轻了不必要的心理负担和内耗，能够让学习过程更加高效。

- **拥有积极健康的关系**

有完整的自我意识，还意味着孩子能够理解和尊重他人的情感与需求，同时能够表达自己的情感。这种社交能力有助于孩子建立健康的人际关系。他们懂得相互尊重和支持，能够有效沟通、解决冲突、与他人合作，这不仅有利于他们获得情感支持、建立积极的自我认同，更有助于心理健康、提高学习成绩、减少不良行为，对他们未来的职业发展和个人成长都至关重要。

● 建立和世界的深度关系，充满热情、动力十足

拥有完整自我的孩子，能够更好地连接到周围的世界，对自己是谁、想要成为什么样的人有着清晰的认识，这种认识激发了孩子对生活的好奇心和探索欲。当孩子感到自己的存在有意义，他的行动就会更有目的和方向，更容易找到激发自己热情的事物。这样，孩子不仅能够享受个人成长的过程，还能积极地为社会作出贡献，在实现个人价值的同时促进社会的进步。

当一个孩子有了完整自我，他会积极主动地学习、发挥自己的优势；同时能和他人建立健康的人际关系，有效合作；对自己的未来有清晰的认知，更容易找到激发自己热情的事物，充分享受成长，为社会发展贡献力量。这些不正是家长期望看到的吗？

反之，如果孩子没有建立完整健康的自我，不仅会影响自身的心理健康和未来发展，还会对家庭、学校和社会造成多方面的负面影响。以下是一些可能的表现和潜在的危害。

产生心理健康问题。缺乏自我认同感和自尊心的孩子容易出现抑郁、焦虑等心理问题，这些问题不仅影响他们的学习和生活，还可能导致自残、自杀等，这对其个人及家庭都是极大的伤害。

产生社交问题。自我价值认知不足的孩子更容易面临各种社交问题，如缺乏同理心、边界感模糊，导致人际关系紧张，不能被集体很好地接纳；或者喜欢搞小团体，制造关系冲突对立，导致自己和他人都受到影响。因为缺乏有效的关系支持，一些孩子容易变得孤僻、偏激，在网络上寻求发泄和报复，成为网络或现实社会中的施暴者等。

造成学习问题。自我认知不足的孩子，往往不清楚自己的兴

趣和激情所在，因此难以找到学习的内在动机，容易出现学习动力不足、缺乏目标感和价值感，对学习失去兴趣，逃避学习压力，出现作业拖延、成绩下滑、沉迷手机游戏等问题，而这些现象又会加重学业压力。这种消极循环会进一步降低学习动力，使孩子更容易放弃学习。

影响家庭和谐。当一个孩子因为自我认知不足和自我认知缺失等影响，产生各种不良行为和心理问题，势必会导致亲子关系紧张，带来家庭矛盾。长期的家庭矛盾可能导致家庭功能失调，进一步影响其他家庭成员的心理健康和生活质量。

十几年前，李中莹老师有感于社会上频繁发生的惊人血案。一些并没有精神病史，有些甚至还是受过高等教育的学子、社会知名人士，却做出种种伤天害理、有悖人性的事情，老师感到十分痛心。进行深入研究之后，他提出了“人生的15项缺失”这一课题。老师认为，一个孩子如果在成长过程中，缺失了15项基本能力的培养，就会形成一个不完整、不健康的人格，这种自我认知缺失的人受到某些刺激，就会做出危害社会和他人的行为，最终也赔上了自己的人生。

虽然距离李中莹老师提出这一理论已经过去了十几年，整个社会的物质和文化水平都在不断提高，直到今天，我们依然能看到很多因自我认知缺失导致的悲剧。

案例一：从高考状元到杀人狂魔

2010年3月，四川某大学公共管理学院学生小杰，在校园里的湖边制造了一起凶杀案，造成一死一伤。成都中院依法对小杰判处死刑。因其认罪改造态度良好，改为死缓。高考状元，天之骄子，为什么会制造校园凶案?

小杰出生于四川的一座大山里，家境穷苦，一家人靠父亲打零工维持生计。从小，懂事的小杰便知道只有读书才能改变自己的命运，于是发奋读书。功夫不负有心人，小杰以市高考状元的身份考入了四川某重点大学，一时之间风光无限。可是好景不长，小杰的脸上长了一些青春痘，他开始十分在意自己的长相，觉得自己因此十分丑陋，所有同学都瞧不起他。每当走在路上听到女生在讨论着什么，他一定会认为是在说自己长得丑。

小杰曾经想去做个美容，但因为没有钱只能作罢。当他想通过学习来为自己挣得肯定的时候，却遭遇了考试挂科。曾经自己唯一引以为傲的优势不复存在，小杰开始自暴自弃，每天逃课、沉迷打游戏。从那以后，他更加封闭自己，不愿与他人进行交流。室友的排挤、周围人的嘲笑及自身怯懦自卑的心理，最终导致小杰走上了一条不归路。

某天晚上下课后，小杰的舍友一起围坐着看小品，搞笑的情节逗得他们哈哈大笑。这一切落在小杰的眼里，都是在对他进行无情的嘲笑。于是他操起了早已藏在枕头下的尖刀，愤怒的他跑到了校园小湖边，对着一对素未谋面的、正在卿卿我我的小情侣挥刀疯狂砍去。最终女生因伤重不治身亡，男生也身受重伤。小杰为此被判处死刑。

在这个故事中，当事人因为没有建立完整自我，无法对自己形成正确的认知，过分在意他人的评价，导致低自尊、低价值感，无法与他人建立平等良好的关系，于是冲动之下违法犯罪。

案例二：复旦研究生投毒室友致死

2013年，复旦大学发生一起震惊全国的杀人案件。犯罪嫌疑人林某是一名医学院学生，因日常琐事对室友黄某怀恨在心，最终采取了极端手段，将剧毒化学物质注入饮水机，导致黄某死亡。

事情起因于林某与黄某在日常生活中的矛盾。两人同住一个宿舍，但性格、生活习惯等方面存在较大差异，导致两人关系紧张。据林某供述，他曾在生活中多次受到黄某的嘲笑和排挤，于是心生怨恨。后黄某参加学校博士生统考，取得第一名，因此经常在同学面前夸耀，引起林某强烈的嫉妒和不满。

2013年愚人节当天，林某趁宿舍无人之际，将实验室剩余的剧毒化学物质带回宿舍，并注入饮水机中。当晚，黄某回到宿舍，饮用被下毒的水后，身体出现严重不适。其他室友发现情况不对，立即将黄某送往医院救治。最终黄某抢救无效身亡。

事发后，警方经过调查，迅速将犯罪嫌疑人锁定为林某。面对铁一般的事实，林某对自己的罪行供认不讳。2014年，上海市第二中级人民法院一审宣判，被告人林某犯故意杀人罪被判死刑，剥夺政治权利终身。

这起案件曾引起社会的广泛关注，许多人对林某的极端报复行为感到震惊。同学眼中品学兼优、曾多次发表专业论文并获得高额奖学金的高材生，本该有光明的前途，为什么会走上不归路？他的犯罪心理与自我缺失及人格不完整有着密切的关系。因为自我认同感低，加上情绪调节能力不足、缺乏同理心，导致他丧失了道德判断能力。

案件发生后，各大高校开始重视学生的心理健康教育，加强心理辅导，以防止类似悲剧再次发生。

再高等的教育，也弥补不了一个人自我不足导致的悲剧和遗憾，比起学习、分数，健康人格的培养才是更意义深远的事，所以这是今天的孩子、家长，都极需要重视的一课。

第一章

了解孩子的成长规律

1. 人格发展八大阶段及培养重点

前面我们谈了孩子建立完整自我的重要性和意义。完整自我，首先要有自我意识。对于孩子来说，自我意识是如何形成的呢？

发展心理学家埃里克·埃里克森曾提出一个著名的“人格发展八段论”。他认为，人的自我意识发展贯穿整个生命历程，具体可划分为八大阶段（见下表），每个阶段都有其独特的发展任务和目标。同时，每个阶段的自我发展都是下一阶段自我发展的基础。任何阶段的发展不足和停滞，都会对后续阶段的发展产生影响，需要付出相应的代价。

其中，前五大阶段对应人的0～18岁，即从婴儿期到青春期，涵盖了孩子成长的黄金阶段。只有理解孩子每个阶段的自我发展重点，才能有针对性地教育和引导。

• 婴儿期（0～1.5岁）冲突：基本信任和不信任

这个阶段的主要需求是生存，饥饿时需要被喂养食物，受到惊吓时需要拥抱，哭泣时需要安慰。因为刚脱离了舒适的母体，对于他们来说是到了一个新的陌生环境，需要从零适应。于是他们会探究：“这里安全吗？我能生存吗？我可以相信这个世界吗？”

当孩子有需求，父母能及时出现并回应，孩子就会与父母建立良好的依恋关系、信任关系，这是安全感形成的基础。如果这

人格发展八大阶段

阶段	年龄	冲突	解决	未解决	品质	影响
婴儿期	0 ~ 1.5岁	基本信任和不信任	有需求时，父母及时出现和回应	需求未被满足导致愤怒	希望	个体对未来社会的信任和期望
儿童早期	1.5 ~ 3岁	自主和羞涩（疑虑）	把握控制的度，培养社会化	过分严厉，伤害自主感和自我控制的力量	意志	影响个体未来的自我控制和独立性发展
学前期	3 ~ 6岁	主动和内疚	主动探究行为受到鼓励，孩子就会形成主动性	成人讥笑孩子的独创行为和想象力，会逐渐失去自信	目的	个体的未来目标和动机
学龄期	6 ~ 12岁	勤奋和自卑	如果能顺利完成课程，同时有其他的社交、爱好，会获得勤奋感	无法顺利完成课程，同时过分看重学习而对其他木然处之，容易自卑	能力	个体在学校的表现和未来的职业成功
青春期	12 ~ 18岁	自我同一性和角色混乱	建立新的自我同一性（心理自我），并被他人看出来	所处的环境剥夺了他在未来发展中获得自我同一性的种种可能，会抵抗社会	忠诚	个体的社会责任和人际关系
成年早期	18 ~ 25岁	亲密和孤独	建立亲密关系	没有亲密关系	爱	个体的社交生活和幸福感
成年中期	25 ~ 65岁	生育和自我专注	关心后代的养育，或者有生育感	没有下一代或无生育感	关心	个体的生活质量和社会贡献
成熟期	65岁以上	自我调整和绝望	体力、心力、健康的调整和适应，情感充实	感到绝望和遗憾	智慧	个体的晚年生活和生命回顾

个阶段没有形成积极的亲子依恋关系，孩子就会面临信任危机，性格中就会表现出悲观、多疑、缺乏安全感、害怕被抛弃、愤怒等。

只有建立信任感，孩子才会在人格中形成“希望”这一品质，它起着增强自我力量的作用。埃里克森把“希望”定义为：“对自己愿望的可实现性的持久信念，反抗黑暗势力、标志生命诞生的怒吼。”具有“希望”品质的孩子富有理想，表现得乐观、开朗、有冒险精神；反之则不敢希望，时时担忧自己的需要得不到满足。

● 幼儿早期（1.5 ~ 3 岁）冲突：自主和羞涩

这一时期，孩子掌握了大量的技能，如爬、走、说话等。更重要的是他们学会了怎样坚持或放弃，也就是说孩子开始“有意志”地决定做什么或不做什么。这时候父母与孩子之间开始产生一些冲突，也就是“第一个反抗期”出现了。

这一阶段孩子开始有了自主感，他们坚持自己的进食及排泄方式，这时孩子会反复应用“我”“我们”“不”来反抗外界控制。一方面，父母必须承担起控制孩子行为使之符合社会规范的任务，即养成良好的习惯，如训练孩子大小便，培养孩子的社会化。另一方面，要合理把控训练规范的度。若控制过分严厉，会伤害孩子的自主感和自我控制能力。如果父母对孩子的训练或惩罚不当，会使孩子产生怀疑，并感到羞耻。因此，把握住“度”的问题，才有利于在孩子人格内部形成“意志”品质。

埃里克森把“意志”定义为：“不顾不可避免的害羞和怀疑心理而坚定地自由选择或自我抑制的决心”。

- **学前期（3～6岁）冲突：主动和内疚**

在这个阶段，孩子们开始积极探索周围的世界，充满好奇心和探索行为是这个年龄段的特点。如果孩子的这些主动探究行为得到了成人的鼓励和支持，他们就会逐渐形成主动性，这种主动性是他们未来成为一个有责任感、有创造力的人的重要基石。

相反，如果成年人对孩子的独创行为和想象力进行讥笑或者忽视，孩子可能会开始怀疑自己的能力，自信心会受到打击。这样的经历可能会让他们觉得自己不配去探索和创造，从而逐渐失去了主动性和探索未知的勇气。这样的孩子可能会变得不敢尝试新事物，更愿意待在别人为他们设定好的小圈子里，不敢越雷池一步。他们可能会变得过于依赖他人的指导和安排，缺乏自己独立思考和创造的能力，这样的心态可能会对他们未来的学习和生活产生不利影响。

因此，在这个阶段，鼓励和支持孩子的探索行为，对于培养他们的自主性和创造力至关重要。当孩子的主动感超过内疚感时，他们就有了“目的”这一品质。埃里克森把“目的”定义为：“一种正视和追求有价值目标的勇气，这种勇气不为孩子想象的失利、罪疚感和惩罚的恐惧所限制。”

- **学龄期（6～12岁）冲突：勤奋和自卑**

这一阶段的孩子大多数都在学校接受教育。学校是训练孩子适应社会、掌握今后生活所必需的知识和技能的地方。如果他们能顺利地完成学校课程，就会获得勤奋感，这会使他们在今后独立生活和承担工作任务时充满信心；反之，就会产生自卑。

另外，值得我们重视的是，如果这一时期孩子过分看重自己对学习的态度，而对其他方面木然处之，比如，缺乏必要的社交和兴趣，变成一部学习机器，这会导致孩子生活的局限和僵化，减少他们体验生活多样性和丰富性的机会。长此以往，这种模式可能会对孩子的心理健康造成负面影响，甚至影响他们未来的事业发展和生活品质。

当孩子的勤奋感大于自卑感时，他们就会获得“能力”的品质。埃里克森把能力定义为：“能力是不受孩子自卑感削弱的、完成任务所需要的自由操作的熟练技能和智慧。”

• 青春期（12 ~ 18 岁）冲突：自我同一性和角色混乱

在青春期，孩子的生理和心理都会发生巨大的变化。一方面，由于生理上的冲动增强，他们可能会遇到情绪波动和人际关系的挑战；另一方面，面对新的社会规范和期望，他们可能会感到困惑。在这个阶段，孩子的主要任务是建立新的自我同一性，弄清楚自己在别人眼中的形象，以及他在社会集体中的位置。这一阶段自我发展的主要危机是角色混乱。

埃里克森解释说，这种同一性的感觉也是一种不断增强的自信心，它源于过去的经历，以此形成了一种持续性的心理自我。如果这种自我感觉与外界对他们的看法相吻合，将极大提升他们的自信，丰富他们的人生。

相反，如果孩子感到他所处的环境剥夺了他在未来发展中获得自我同一性的可能，他就将以令人吃惊的力量抵抗社会环境。他宁可做一个世俗眼中的坏人，或干脆如行尸走肉般生活，也不愿做一个不符合自我同一性的人。

当自我同一性形成，孩子就具备了“忠诚”的品质。埃里克森把“忠诚”定义为：“不顾价值系统的必然矛盾，而坚持自己确认的同一性的能力。”

- **成年早期（18～25岁）冲突：亲密和孤独**

在这个阶段，人们开始寻求并建立亲密关系，包括伴侣关系和朋友关系。亲密关系能够带来深刻的安全感和满足感。然而，如果一个人无法与他人建立深层的情感联系，他们可能会陷入孤独。

只有那些拥有坚定自我认同的年轻人，才敢于冒险与他人建立亲密关系。因为真正的爱情意味着将自己的同一性与他人的同一性融合，这往往需要自我牺牲和让步。只有在经历了这种融合之后，人们才能在恋爱中建立起真正亲密无间的关系，并从中获得亲密感。否则，他们可能会感到孤独和疏离。埃里克森把“爱”定义为：“压制异性间遗传的对立性而永远相互奉献。”

- **成年中期（25～65岁）冲突：生育和自我专注**

这是一个人的精力和创造力最旺盛的时期。这一时期的人们不仅要承担社会工作，还要关心生育，延续和照顾好下一代。这一阶段人们的重点是职业成就和家庭生活的平衡，人们通常会关注对下一代的贡献和个人社会地位的建立。如果在这些领域取得成就，个体会感到满足。反之则可能遭遇“中年危机”。

埃里克森认为，生育感有生和育两层含义，一个人即使没生孩子，只要能关心、教育和指导孩子，也可以具有生育感。反之，一个人如果只关注自我，考虑自己的需要和利益，不关心他人（包括儿童）的需要和利益，其人格将变得贫乏，陷入停滞。

- **成熟期（65岁以上）冲突：自我调整和绝望**

这一时期，由于身体机能不断下降，他们必须对此做出相应的调整和适应，所以被称为自我调整和绝望感的心理冲突期。

当老人回顾过去，如果能够接受并整合自己的生活故事，包括成功和失败，他们会感到一种生命的智慧。如果不能做到这一点，可能会感到绝望和遗憾，觉得自己的生活没有意义。如果一个人的自我调整大于绝望，他将获得“智慧”的品质。埃里克森把“智慧”定义为：“以超然的态度对待生活和死亡。”

老年人对死亡的态度将直接影响下一代儿童时期信任感的形成。因此第8阶段和第1阶段首尾相连，构成一个循环或生命的周期。

埃里克森认为，在每个心理发展阶段中，解决了核心冲突之后所产生的人格特质，都包括了积极与消极两方面的品质。如果各个阶段都保持向积极品质发展，就算完成了这阶段的任务，逐渐实现了健全的人格。否则就会产生心理社会化危机，出现心理障碍，形成不健全的人格。

2. 四大成长黄金阶段，遵循规律培养

前面我们概括地讲了人格发展八大阶段，让家长对孩子自我意识形成阶段的重点有了大致的了解。而家长最关注的，肯定还是孩子0 ~ 18岁成长黄金期的培养重点。孩子成长的每个阶段是在基因里早已“编好了程序”的，一些父母总是喜欢用“人工的方式”取代“自然的程序”，产生的结果却往往是糟糕透顶的。

比如，当孩子还处于婴儿期时，很多父母希望孩子早点学会走路，想尽办法让孩子“站起来”。可是，家长完全忽略了爬行对孩子的重要意义。人的大脑由左右两个半球构成，中间有大约1亿个神经元连接。孩子在爬行过程中，会通过左手的爬行动作激活右脑半球，通过右手的爬行动作激活左脑半球。在不断地爬行中，孩子左右半球连接的神经元会更有活力，能帮助他完成早期的大脑开发。

如果孩子没能通过“爬行动作”对大脑开发，过早地进入站立行走阶段，在未来的日子里，你会发现孩子在其他方面的学习能力要远逊色于同龄人，他可能需要花费更多的时间和精力来弥补这项“缺失”。

因此，对于不同年龄段的孩子来说，父母必须顺应成长规律，针对不同时期的成长需求“因材施教”，如此才能取得最佳的效果。

• 0～6岁，在感性中培养兴趣

近年来，科学研究不断证明，孩子越小学习能力越强。比如，在学习外语这件事情上，20岁的成人往往比不过12岁的少年，6岁的孩童也无法与3岁的幼儿相提并论。

这是因为，人的学习能力是受脑神经网络制约的，脑神经网络需要通过外界刺激来生长。成年人的脑神经网络早已形成并难以改变。但孩子不同，他们的脑神经网络正处于快速发展期，可以根据学习内容生长。

孩子在6岁前，通过感性学习，也就是直觉式学习，可以更好地完成这种脑神经网络的构建。

如果你观察得足够仔细，会发现一个有意思的现象：6岁后的孩子，如果你给他们看曾经看过的动画片，或者讲曾经听过的故事，他们会下意识地打断你："这个动画片，我已经看过好几次了！"或者"这个故事，你已经讲过很多遍了！"而6岁前的孩子呢？他们不在乎重复和单调，一个讲过无数遍的故事也能让他们听得不厌其烦、津津有味。这是因为，他们本身拥有超强的想象力，当他们听故事时，其实是进入了无限的想象力空间，这个空间超越了有限的现实空间，是无穷无尽的，而且在儿童看来，这正是与他们内心世界相一致的。

有一个流传甚广的故事，是关于一位家长向爱因斯坦请教如何提高孩子智商的。据说，爱因斯坦建议这位家长让孩子多听故事。因为故事能够激发孩子的想象力和创造力，帮助他们构建丰富的内心世界，这就是提高智商最"经济实惠"的方法。虽然故事的真实性无法考证，但背后的道理我想大家都能接受。

随着理性意识的增强，成年人想象力空间越来越小，这是很可惜的事。心理学研究表明，想象力不仅有助于孩子的认知发展，还能提升成年人的创造性思维和问题解决的能力。丰富的想象力能让我们超越现实的限制，在心中构建无数可能的世界，这对于创新、艺术创作乃至日常生活中的决策都至关重要。而且，想象力还能帮助我们更好地理解他人的情感，增强同理心，增进人际交往。

因此，在0 ~ 6岁这个阶段，父母要充分激发和保护孩子的想象力。比如，可以通过陪儿童阅读故事及角色扮演激发视听感官，刺激情感体验；通过艺术创作培养孩子的审美和创造力；多带孩子亲近大自然，丰富知识的同时增加好奇心；积极参与亲子游戏，在提高多种能力的同时增强亲子关系。通过这些方法，父母不仅能促进孩子想象力和创造力的发展，还能满足多项身心发展需求。

此外，除了提供满足孩子身体成长必要的照料，父母更重要的任务是为孩子提供足够的心灵养分，用“三不”原则（不否定、不说教、不对抗），帮助孩子形成良好的存在感、资格感，有了这个核心，孩子才能以更好的动力继续发展自我。

• 6 ~ 10岁，在顽皮中培养智力

我总是听到家长抱怨，6 ~ 10岁的孩子太过顽皮，一点也不听话。你叫他往东他偏偏往西，叫他往西他又故意往东。有时候让他安静地坐一会儿，他却故意吵吵闹闹。这样的事情总是让父母不胜其烦。可是，到底为什么这个阶段的孩子会这么“顽皮”？要解释这个问题，我们需要了解孩子的脑神经系统发育过程。

孩子在刚出生时，身体的各项能力虽然已经具备，大脑里却一片空白，需要“编入程序”，让他们在生理和心理上发展出所需的各项能力。为了尽可能“编好程序”，大脑会想尽办法从外界接收信号，激活脑神经网络。在这个过程中，就需要孩子身体各部分的协助，去不断感知周围的环境和事物。身体接收的信息越丰富、越不同，大脑的发育也就越完善。

很多科学研究表明，童年时越“顽皮”、越爱玩耍的孩子，其智商越是比不爱玩耍的孩子要高。所以，对处于6 ~ 10岁的孩子来说，顽皮并不是他们的问题，这只是他们学习的方式。他们之所以爱跑、爱动、爱搞新花样，只是想更好地了解这个世界，从周围环境中获得更多刺激，让大脑获得最好的发展。

父母需要清楚，对于这个时期的孩子而言，他们无法将注意力长时间放在同一件事情上，即便强迫他们也不会收获更好的结果。因此，需要缩短“事件”的时间，如和孩子说话时，将时间控制在一个较短的范围内，在他的注意力消耗殆尽之前，将我们的意思表达清楚。

同时，为孩子提供足够的活动空间，允许他有大量的活动，包括玩耍和游戏。很多父母认为让孩子玩游戏（此处指的是与同龄人的玩耍）是浪费时间，这个阶段的孩子一般都上小学了，学习任务开始加重，家长担心孩子会掉队，所以往往安排了很多补习班，让孩子没有时间玩耍。这其实是一种舍本逐末的观念，没有任何活动能带给孩子和游戏相同的学习意义。

游戏除了能提升孩子的肢体协调能力（运动神经系统与视听感官的配合），还能帮助孩子发展精密环境评估能力、有效处理本人与其他人或事物关系的能力。游戏中还涉及团队精神和沟通能力、观察与判断、处理失败和失望的能力，这些能力对孩子成年后的生活都非常重要。

当然，最好鼓励他们积极地参与到户外活动中去，与更多的孩子玩耍和交流。在与同龄人的相处中，孩子会更快地学习如何与人沟通、获取支持、化解冲突、照顾自己，以及建立和谐的人际关系。

最后，顽皮不代表无礼。父母需要教导孩子如何礼貌地开展活动。在这方面，很多家长陷入了误区，他们认为让孩子“讲礼貌”就是让孩子规规矩矩的、减少活动，这显然是不对的。父母真正要做的是：让孩子在讲礼貌的同时，保持“活动的动力”。

• 10 ~ 12 岁，在交流中塑造关系

10 ~ 12岁，是孩子向着“准大人”转型的过渡期，也是亲子关系最脆弱的时期。在这个时期，你会发现孩子很多细微的变化。比如：孩子开始凡事都有自己的主意，即便再拙劣，他也会坚持；开始在意自己在他人眼中的形象，不爱跟父母一起出门，不让父母来学校接送；喜欢营造自己的“小空间”，和朋友待在一起的时间越来越长……这是因为，孩子的大脑有一个“预设程序”，到了这个年纪，就需要为成为大人做准备。

很多父母不明白孩子迈出这一步的重要意义，认为这是孩子不听话、逆反、爱顶嘴的表现，于是横加干预，对孩子重重施压。在与父母争夺“霸权”的对抗中，受伤的往往都是孩子。他们在人生的转型期，没有获得父母的支持和认可；想要变得更加独立，却首先受到来自父母的反对。很多孩子因此变得反叛、暴躁、极端、性格孤僻。

其实，在这个阶段，家长应该多鼓励孩子：每当孩子有新的尝试时，应该肯定他的勇气；当孩子做得不好时，向他传递信心，支持他试着找出新的方法。另外，要多与孩子谈心，多听听他的想法、感受。

在10 ~ 12岁时，亲子关系变得脆弱的另一个原因在于孩子对友谊的认知变得深刻和固执了，父母却丝毫没有察觉。很多父母为防范孩子误交“损友”，对孩子的交友加以干预和限制：这个人学习差，少接触；那个人不听老师的话，别来往。10岁之前，父母的干预是奏效的。可是在10岁之后，孩子会对这样的指令产生强烈的抗拒心理。

这是因为，在孩子眼中，“某个人是朋友”所代表的价值观往往与家长不同。在家长眼中学习不好、不长进、没出息的代表，可能是孩子眼里的智多星、人气王、圣斗士，这些可能都是孩子十分向往的品质。所以，要想在“关系最为脆弱”的时期处理好亲子关系，家长就必须了解孩子内心的价值观，了解他们内心对朋友身上具备的品质是如何看待的。

在这个阶段，父母可以适当地放宽对孩子交友的限制，同时与孩子订立规则，比如，每次和某个朋友一起玩耍的时间、最晚回家的时间、哪些行为一定不能做等。同时可以邀请孩子的朋友来家里玩耍，深入地观察和了解对方等。

更有效的方法，是改变对待孩子的态度。孩子已经跨入一个新的阶段，迎来新的人生，家长也需要及时调整，改变自己的角色认知。以前，家长可能是扮演一个领路人、指导者、权威的角色；现在，家长要学会做孩子的朋友，用平等、信任的视角看待孩子这个“准大人”。这种“关系转型”非常重要，因为它将奠定你们一生的亲子关系的基调。

如果家长过去的处理模式已经使亲子关系很僵，那么不妨试试用这样的方式改善：找一个轻松的时刻，主动跟孩子讲讲你的烦心事，如工作中出现的困难。在言语中，着重强调内心（情绪）的困扰。**主动说出自己内心的困扰，是邀请孩子走进你的内心，建立信任，让他成为你朋友的方式。**父母与孩子之间这份信任感建立后，当孩子遇到困难时，也会主动找父母倾诉。

● 12 ~ 18 岁，帮助孩子树立正确信念

一般来说，12 ~ 18岁被称为青春期。一些早熟的儿童在八九岁便开始进入青春期。进入青春期的孩子在思想上已经是一个“准大人”了，但是我们知道，不管是认知水平、思维方式还是社会经验，他们都处于一个半成熟的状态，于是就出现了成人感与半成熟状态的矛盾。

处于这一阶段的孩子，一方面会要求在生活方面摆脱成人，尤其是父母的控制和约束，希望自己独立自主决策。另一方面，当面对复杂和困难问题的时候，他们依然希望能够得到成人的理解、支持及保护。很多家长不明白青春期这种既反抗又依赖的矛盾心理，容易因此对孩子失望、产生无助的心态，这不仅是对亲子关系的伤害，也是不利于孩子成长的。

李中莹老师经常用这样一个比喻来说明青春期孩子的心理特性：以前五六岁的时候，孩子总是很乖、很信任父母，总是让父母牵着手过马路。可到了青春期，他们会突然甩开父母的手，要自己过马路，因为他们要为成为一个能照顾自己的人做准备。假如父母不认可他们这份动力，非要牵手，孩子不肯就打骂，这样

的孩子成长得就会很辛苦，将大部分精力用在跟父母对抗，反过来他该培养的照顾自己的能力就会缺失。

其实聪明的父母是“我不牵你的手，我们一起走”，你说你自己可以，那你做给我看。尊重孩子自己的选择，很快就发现孩子真的能自己过马路了，这就是培养孩子独立自主的能力。帮助孩子培养出来一份能力，让他能够照顾自己，走自己的人生路，本来就是所有父母唯一要做的事。

青少年带给家长最大的烦恼是他们的一些不良行为。这些行为的目的可以归纳为6类：引起注意、追求权利、证明有能力、报复、表现优越感、寻求接纳。了解了孩子为什么会做出这些“不良行为”，家长才能真正有效地进行引导。

（1）引起注意

青春期的孩子总喜欢特立独行，男孩子可能会异常顽皮，爱搞恶作剧，女孩子可能会尝试很多浮夸、出格的打扮。有的孩子甚至会模仿大人的行为举止，如男孩模仿爸爸抽烟，女孩模仿妈妈化妆，等等。这类行为背后，其实是孩子希望引起大人的注意，试图让大人看见自己迈向成熟的转变。针对这类问题，家长不必对孩子的行为“事事必应”，只需要密切地关注，并适时地鼓励其积极正面的行为，就能起到正面引导作用。

（2）追求权利

青春期的孩子最令父母头疼的事情莫过于叛逆、反抗、不服从，喜欢顶嘴，对父母的话总是抱着某种敌意，有时候甚至还对父母使用“冷暴力”。这类行为的背后，其实是孩子对父母权力的反抗，是在争取自己作为“准大人”的权利。针对这类问题，父母需要“有所退步”，在与孩子有关的事情上，适当地把责任和权利交还给孩子；在做家庭决议时，多让孩子参与其中，让孩子有被重视的感觉，同时引导他们合作。

（3）证明有能力

很多迈入青春期的孩子希望寻求极端刺激，常常做出“出格”的事情，如参与各种危险运动、飚车、饮酒等。出现这类情况，多半是因为孩子对自己能力的不自信。当他们迈进“准大人”的门槛，又对自己是否有能力应对新的人生阶段产生怀疑时，往往会通过这类刺激性十足的事情来“证明”自己。当然，一部分心态消极的孩子在意识到自己能力不足时，会选择逃避现实，如逃学、不愿尝试新鲜事物、轻易放弃等。面对这种情况，父母应避免批评和打骂，而是鼓励、引导孩子多参与积极且容易展现自己力量的活动，尤其是能增强责任感的活动。

（4）报复

在一些极端的例子中，我们发现孩子会刻意报复父母。这类孩子往往会故意做出一些令父母伤心的事情，或者通过暴力破坏、大发脾气等方式来达到报复父母的目的。其实父母要明白，孩子这一行为是在呼唤父母的爱，他们只不过是想要通过这种方式来证明父母依然会爱我。面对孩子的“报复”，父母不仅应避免惩罚，而且要用多种方式坚定地表达对孩子的关心和爱。通过这种方式，才能重新建立起亲子之间牢靠的信任。

（5）表现优越感

青春期孩子表现优越感，通常是为了探索自我身份、获得同伴的认可及增强自信心。常见的表现诸如炫耀（衣着、电子设备）、展示社会地位（如交友数量和影响力）、展现聪明等。过度展示优越，会给人一种自大甚至傲慢的感觉，会影响孩子的社交关系，也不利于孩子建立客观自我。

针对孩子表现优越感的过度行为，父母要引导他们将比较的焦点放在个人进步和成长上，而不是物质条件或表面上的成就。同时引导孩子保持积极的心态，多参加团队活动，学会融入集体和欣赏他人。

（6）寻求接纳

在社交方面，青春期的孩子可能会更加寻求同龄人的认可和接纳。他们会花费更多的时间与朋友在一起，或者在社交媒体上寻求归属感。能否顺利融入家庭之外的关系系统并建立一个同一性的身份认识，是这一阶段孩子的主要需求。家长要看到这种需求的合理性，在家庭关系层面给予孩子更多支持和接纳，让孩子明白家庭永远是他们的心灵港湾。在面对孩子“无条件寻求认同和接纳”的行为时，父母要引导孩子认识到自我价值，让他们树立自信、自爱、自尊的价值观。

其实，孩子在青春期暴露出来的问题，多数是在之前成长过程中由家长不恰当的教养方式产生的。冰冻三尺非一日之寒，要想孩子改变，家长必须耐心坚持正确的做法。同时家长应提醒自己，尽量多扮演孩子的朋友，让孩子愿意亲近你，这比处处强调家长权威更有效。

3．别用“听话”扼杀了孩子的自我发展

很多父母在教育孩子时，都会把“乖”“听话”作为一个重要的标准。如果问他们孩子最大的问题是什么？他们会脱口而出：“不听话！”对他们来说，“听话”就是好孩子的唯一标准。

李中莹老师一向反对听话教育，他认为让孩子“听话”的背后，其实是父母觉得自己的权威和尊严受到了挑战，自己的信念、价值观和规条受到了冒犯。孩子听话，父母就轻松，万事大吉。当然，父母会为“孩子必须听话”寻找各种借口，比如，在理性层面他们会告诉自己：“孩子要是不听话，就会犯很多错误，成为一个失败的人。”

前面我们提到自我建立和人格发展，大家应该都发现了，一个人其实终其一生都在寻求自我意识的发展，而“听话”，正是扼杀孩子自我意识的最强“咒语”。如果培养出一个凡事只会听话的孩子，那么在教育这条路上，家长已经失败了一半。

第一，多听话便少用脑，这是最简单的道理。多动脑筋，一个人才会多办法、多突破。反之，凡事只要听话就解决了，没有思考的机会，便不能发展出更高的智力水平和解决问题的能力，之后遇到问题，听话的孩子只会束手无策。这样的人生，怎么谈得上突破和创造？自然也不会有成功的可能。

第二，听话是产生依赖型性格的温床。一些父母以为给孩子铺好了路，只要他听话照做就万事大吉。殊不知这样的孩子长大了很可能是一个软弱无力、毫无主见的人，凡事都要有人“说

话”，好让他去“听”，他才能行动。到一个没有人指挥他人生的阶段，他会茫然无措，根本不知道自己的人生将走向何处，可能会经历很多挫折。

很多年前，李中莹老师的一名学生参加国际级心理治疗大师李维榕的“治疗工作坊”。在工作坊里，看到这样一对母女。

一位30多岁的女儿在爸妈的陪伴下参加“治疗工作坊”，轮到她的时候，李维榕说：“你过来，坐在我的旁边吧。”这个女儿不自觉地转过身，问一旁的妈妈：“妈妈，她叫我过去，我要不要过去？”妈妈说：“过去过去，乖女儿，妈妈陪你过去。”然后，这位妈妈就搀着女儿，走到李维榕的身旁坐下了。

也许，你会和我一样惊讶：30多岁的女儿做一个小小的决定，还需要“听妈妈的话”，这样的女儿怎么可能过好自己的人生呢？这位母亲看似慈爱，却摧毁了女儿的一生。在过去30多年的时光中，她没能培养女儿独立自主的能力，以至于在这么小的一件事情上，女儿都无法照顾好自己。这样的母亲其实并不少见，越来越多“妈宝”“巨婴”的出现，说明这种情况正在演变成社会问题。这种现象背后的原因正是父母过分要求孩子听话，扼杀了孩子的自我。

第三，听话会扼杀孩子的自主能力。孩子出生时没有半点自主能力，而18年、20年后，家长总是希望孩子已经充分掌握了照顾自己的能力。这就是说，孩子的成长应该每年培养出5%的自主能力，也就是每年减少5%的“听话”。孩子不可能一辈子依靠父母，父母的责任是帮助孩子成长，发展出能独立照顾自己的能力。

第四，听话的孩子无法超越父母。父母总是希望下一代比自己更好，但听话的孩子只不过是走父母的老路，而且复制父母也不能做到100分，最多只能得80分，最后就是一代不如一代。世上没有两个人是完全一样的，孩子也不可能每一件事都与父母保持相同的看法。试问，在今天这个高速变化的社会中，有多少事情是可以用20年前的方法成功的呢？未来社会瞬息万变，谁又能保证父母现在的成功经验，在未来还能100%管用？只有培养出独立性和自主性，顺应社会的变化不断成长，而不是听话照做、复制父母的方法，孩子才能在未来有更多成功的机会。

我们开篇讲过“生命传承”，亲子关系就处于“我们成为父母，孩子在我们的照顾下成长”的阶段。它的先决条件是家庭的组建，它的后续阶段是孩子发展出足以照顾自己人生的本领，然后他才能展开自己的生命传承过程。一旦在“父母照顾孩子”这个阶段出现问题，孩子没有发展出足以照顾自己的能力，那么接下来的生命传承就可能困难重重。

因此，亲子关系的目标十分简单，同时也非常明确，那就是帮助孩子培养出足够的能力，让他能够照顾好自己的人生。试问：当孩子能够独立观察、分析和思考，能够从一件事情中找寻到很多可能性并做出选择，遵照自己的意愿去执行，对自己所做的事情肩负责任时，父母又何须担心孩子不听话呢？

相信各位家长也都能明白道理，但我们往往担心的是孩子能力不足，不能独立。身为家长，我们唯一的责任其实就是帮助孩子培养这份能力。能够照顾自己的能力包括很多方面，不只是生活能力，还包括有效的思维能力、解决问题的能力、与人相处的能力、接受和欣赏自己的能力、自我提升的能力，以及策划未来的能力，等等。而这些就是接下来要讲的孩子必备的15项能力。

4．培养15项能力，助力孩子走好人生路

近年来，社会上频频出现一些令人震惊的事件，很多受过良好教育的人，却做出毁灭人性、伤害他人、危害社会的行径，如我们在开篇提到的两个案例。到底是哪里出了问题？李中莹老师经过深入研究，归纳出15项必备的能力。如果缺乏了某项或某些能力，就可能会导致孩子人格缺失、出现心理问题。

一个人就好像一棵树，我们只想一棵树苗从小长大，而不知道该怎么样防止病虫害，让它真正健康地成长，真的等到树叶、树干全被虫咬了的那一天，后悔也来不及了。我们的传统教育也是这样，只知道让孩子学知识，可是从来没有一门相关的学问是教他们如何培养健康的心理。虽然现在越来越多的人知道心理健康很重要，可是怎么做却没有多少人知道。

李中莹老师经过深入研究NLP、脑神经学及情绪智能等学问，并在此基础上研发了一系列的课程、开设工作坊，目的就是希望能够帮助家长掌握培养孩子健康心理的技巧，让孩子快乐、轻松地成长。

家长唯一的责任，是帮助孩子培养出能够照顾好他本人人生的能力，这份能力并不是单一的，而是包括很多方面，李中莹老师总结起来就是以下15项。

- **有自我意识**

自我意识，是心中有“我”。有“我”的概念，才能明白生

命的意义和价值。没有“我”，就无从照顾自己，也无法持续地提升自己、改变自己。培养孩子的自我意识，重点是明白“我”的含义。让孩子经常、反复地提醒自己：在我的人生里，“我”是最重要的。“我”存在于这个世界，假如没有我，那么什么都没有。

在生活中，可以多用以“我”开始的话语，来对孩子进行潜移默化的影响。

“去看电影好不好？”改成：“我想去看电影，好不好？”

“这样做不对。”改成：“我认为这样做不对！”

“你不要这样对我。”改成：“我不愿意看到你这样对我。”

通过不断对“我”的强调，让孩子下意识地思考：我是谁？我在哪里？我要什么？我正在做什么？

● 说话达意

说话达意，就是能有效地表达自己的想法、情绪、观点和态度。今天的孩子会花很多时间接触电子屏幕，与人交流的时间大大减少，所以更缺乏说话达意的能力。此外，很多父母习惯用训导、批判、呵斥和责骂的方式与孩子沟通，这会让孩子抗拒交流，更无法有效表达自我。缺乏说话达意能力的孩子，在沟通中往往很容易遇到问题。

想要帮助孩子提升表达能力，一方面，父母要为孩子提供平等对话的机会，避免对孩子采取强硬的口吻和训导态度；另一方面，父母要以身作则，提升倾听能力。父母用“心”听，孩子才更愿意说。此外也可以鼓励孩子多与朋友交谈，创造与同龄人交流的机会。

在引导孩子提高表达能力时，可以让他们将复杂想法先用纸条写下来，尽量通过15～20个字来表达清楚。前期可能有困难，经过反复练习后，孩子在表达能力和逻辑思维能力上的进步将是神速且不可思议的。

此外，在日常生活中，父母可以带着感觉和孩子沟通，如手按胸口，觉察掌心传递到胸口的温热，身心合一。当身心合一的时候，我们的表达会更清晰、有条理。

- **与感觉在一起的能力**

意识的力量表现在理性思维，而潜意识一般通过感觉来与我们沟通。与意识相比，潜意识的力量要大得多。理性思维固然重要，可是生活的意义更在于感受。没有跟随自己的感觉，只凭道理做事，往往会事倍功半。

然而，很多父母在教育孩子时，会过早地用其他能力去取代孩子的感觉。比如，有些父母经常对孩子说："你不能什么事都凭感觉！""你要学会判断、分析！"失去感觉力的孩子在面对困难、压力或令人纠结的事情时，会因为无法解开心头的烦恼而痛苦，会活得比别人更累。

培养与感觉在一起的能力，一个有效的练习是随时关注来自身体各部位的感觉，如"我膝盖的感觉如何？""我胃部的感觉如何？""我右耳感觉怎么样？"当身体某个部位感觉不适时，更需要做充分的连接。此外，还可以多做呼吸放松法。

- **感性与理性并重**

感性和理性并重，也就是"身心合一"。理性是照顾好我这个人（身体），而感性则是呵护我这颗心。理性和感性没有联手，内心便会产生矛盾和冲突：理性告诉“我”应该去做，可是没有感性的力量推动“我”去做。理性帮助孩子寻找事情的方法和价值，感性则为孩子探索每一种情感、感受、情绪所隐藏的意义。兼顾好两者，不仅可以让孩子更好地体验人生，同时也能让孩子更加积极地探索“我”的生命意义，不断提升自我，拥抱更美好的未来。

想要让孩子兼顾理性与感性，父母需要摒弃“理性重于感性”的观点，同时也可以引导孩子在日常生活中多做下面的练习。

第一步：我看见了……我听到了……我感受到了……

第二步：我认为……（某件事的意义、用途等）

第三步：我现在的情绪是……（注意情绪原来是什么样，现在变成什么样）

● 多线思维能力

多线思维能力就是我们常说的“从多个角度看事情”的能力。传统教育让孩子认真听话、循规蹈矩，导致孩子发展成单线思维。单线思维就是凡事只有一招，这样容易陷入困境。只有两招也是困境，左右两难、进退维谷便是如此。要突破就必须有三个或三个以上的选择。有选择就代表有能力，选择越多，能力越大。多线思维能够激发潜能，提升创造力。

想要提升孩子的多线思维能力，父母的第一项工作就是打破束缚孩子的条条框框。NLP 有一句名言：凡事总有至少三个解决办法。这就是典型的多线思维。可以多陪孩子玩这个游戏：随意找个目标，如用什么方法到北京。每人至少思考三种方法，不能重复，如此轮流。这个过程中注意不要批判孩子天马行空的想法，应当多鼓励他们的创意。经常这样锻炼能激活他们解决问题的神经网络。

当孩子遇到困境、缺少思路时，家长可以引导他们跳出框架，“假如有可能，那个可能会在哪里：什么人？什么事？在哪里可以找到？”或者提醒他，“哪怕那是一个匪夷所思的想法，有没有办法变成可能呢？途径是什么？要怎么做？”

● 能从别人的角度看自己

从别人的角度看自己，就好像用一面镜子反观自己，但是照镜子之前，需要先找到自己。培养孩子从别人的角度看自己的能力，先决条件是培养“自我意识”。

很多孩子过分自大、目中无人、自以为是，家长认为这是孩子过分自信。其实不然，这类孩子的内心力量不足，缺乏自信。因为内在力量不足，所以才需要外在表现得高傲，为自己补足力量和自信。内在力量不足的人，往往无法正确看待自己，也无法与他人建立平等和谐的关系，无法从“我”的状态中正确地认知“别人”的价值与意义，因此也无法设身处地地站在“别人”的角度，看待真正的“我”。

学会从他人的角度看自己，我们才能更好地理解自己、宽容待人，人际交往才会更容易。生活中，我们可以引导孩子多做以下的练习：用手按着胸口的位置，看着镜子里面自己的眼睛，对自己说，“我看到你了，同时我也能够从你的角度看我自己了”。

● 解决困难的能力

如今的社会，很多人缺乏解决困难的能力。一遇到困难，这些人第一反应就是去找别人要答案，而不是自己思考如何解决。之所以会这样，是我们长期以来强调让孩子听话照做、乖、凡事追求标准答案，养成了孩子只有单线思维的能力。

当然，解决困难是一项要求较高的综合能力，它需要前面6项能力作为基础。除此之外，还需要一定的心理素质，如自信。

想要帮助孩子提升解决困难的能力，家长不妨试着用“5W1H法”来引导孩子。所谓“5W1H”，就是Who（何人）、When（何时）、Where（何地）、What（何事）、Why（为何）、How（如何）。想象一个遇到困难的情景，然后根据“5W1H”尝试思考，策划一个解决方案。按照方案去行动，及时复盘，坚持有效的方向、改变没有效果的方向，直到困难得以解决。

对于缺少思路的孩子，经常用这个结构练习，往往能提高他们解决困难的能力。

● 解决冲突的能力

我们的传统文化崇尚“以和为贵”，甚至不惜以某些代价维系和谐的关系。这种用代价交换的和谐往往只停留在表面。在孩子的世界里，冲突的根源往往是对界限的模糊。不清楚自己的界限，也忽略了别人的界限，因而很容易引发与别人的冲突。此外，不了解自身感受、无法有效表达自己、不能从他人角度看自己、缺乏多线思维能力等，都是容易造成冲突的因素。

当我们面对冲突时，正确的心理模式应该是这样的：认识自我→接受自我→爱自我→觉察自我的界限→捍卫自我的界限→处理侵犯自我边界的挑战（冲突）。因此，想要提升孩子处理冲突的能力，必须从建立自我意识开始，培养孩子的界限感。爱自己，就是不让自己受到伤害，坚定地捍卫自己的权利。

当然，冲突有时并非由孩子引发，而是外界导致的。如果发现孩子处于一个容易引发冲突的环境，或者他人不愿意尊重孩子，那么父母就要引导和帮助孩子脱离这个环境。

- **正确面对失败及挫折的态度**

现在的家长在面对亲子关系时，经常是一种否定多、肯定少的语言模式，这种模式很容易给孩子造成心理创伤。长期处于父母的“高标准、严要求”下，不仅会让孩子惧怕失败、不敢尝试，还会进一步耗损自己的能力。长此以往，人会越来越退缩怕事，不敢担当、逃避责任，内心充满无力感。

父母需明白，孩子成长的过程就是一个学习的过程，这个过程的任一步不能被贴上“失败”的标签，而是应该被看作迈向“成功”的一步。即使遭遇失败、挫折，那也是一份可以让我们成长、成熟、成功的经验，提醒我们尽可能把下一次准备工作做得更好。

父母切记，真正让孩子抗拒失败的往往不是事情本身，而是我们对孩子的负面评价带来的自我否定和资格感的缺失。

扫码跟练“接受失败法”

● 面对分离的态度和能力

人生中有很多分离是无法避免的，包括亲友死亡、与伴侣分手、事业结束或失败等。如果没有培养出正确有效的面对分离的态度和能力，在面对分离事件的时候，身心往往很容易受到伤害。事实上，离、合、聚、散是人生常态。不管是人、事或者物，在一起时唯一的意义就是帮助对方成长，当这份意义完成的时候，也就是“分离”的时候。

带着一份感恩的心态，接受所得到的一切，同时，在过程里尽己所能做我该做的，帮助对方成长。如此，付出与收获有了充分的平衡，缘起则聚缘尽则散，这才是正确的态度。分离之悲真正的意义是让我们感恩相聚之喜，同时更珍惜当下。

● 感恩之心

“恩”是没有权利得到而得到的东西。除了父母，没有人是“必须”给我们什么的。所以当我们得到或者拥有一些东西的时候，不要认为是理所当然的，而应常怀感恩之心。缺乏感恩之心的人，在人际关系方面会很辛苦，特别是在亲密关系上。

感恩的反面是委屈。当小孩感觉到父母没有给他应该得到的，就会产生委屈的情绪。当孩子懂得感恩，首先会感恩父母，因为没有父母给予生命，便没有一切。

想要让孩子常怀感恩之心，父母需要以身作则，在言行中表现出“感恩”的态度。让孩子明白，幸福不是来自拥有东西的多少，而是来自感恩之心。

• 正确的金钱观

如今，移动支付、电子支付、人脸识别支付等全新技术的出现，让孩子对“金钱”的观念越发淡薄。对很多孩子来说，“金钱”只不过是手机和银行卡里那一串数字，并不知道这串数字背后，是父母的辛勤付出。所以，从小让孩子树立正确的金钱观，是亲子关系中十分重要的课题。

从孩子很小的时候，父母就需要引导他用好每一块钱。年龄大一点，可以让孩子拥有自己的零花钱，同时学会如何管理自己的钱。再大一点便可以教导孩子懂得如何赚钱，拥有“赚取金钱”的思维和意识。到了青年阶段，要让孩子懂得自己与金钱之间正确的关系，即让孩子明白：金钱是人生中重要的物品，但“我”绝不能成为金钱的奴隶。

• 正确看待事物的能力

事物的存在本身没有意义，是我们的观察与判断赋予它们意义。你如何看待事物，就决定你将如何应对。不同的判断会造成不同的行为态度。

比如，小明每次看到气球都会联想到快乐的时光，对他来说，气球代表着快乐和庆祝。可是对小华来说，每次看到气球他都会感到害怕和不安，因为他总是担心气球会随时爆炸。对他来说，气球是一个充满危险和不确定的物品。

同样的物品在不同的心境中含义大相径庭，正是因为孩子在思想、判断的能力上存在差异。要想让孩子树立良好的观念，正确对待周围的事物，需要让孩子具备前面提到的这些能力。同时，在生活中引导孩子保持灵活，看到事情背后的多种可能性，寻找事物的积极价值和正面影响。

• 了解自己的学习模式

学习不单只是学校课堂里的事，更是孩子需要每天不断做的事。了解自己的学习模式，可以学得更积极、更轻松、更有效，如此累积，孩子的学习能力就能与日俱增。

学习模式的概念非常广泛，我们看到的、听到的、感觉到的，一切输入大脑的信息，都和我们的学习模式有关系。不过，在学习过程中，最重要的还是掌握和运用“内感官”能力。所谓“内感官”，是与我们的外部感官相对的，存在于我们大脑内部用于储存和提取（回忆）的感官系统。它由内视觉、内听觉、内感觉三个部分构成。了解自己的内感官类型，能够扬长避短，提高学习效率。除了要调动孩子的内感官进行学习，父母还要了解孩子的学习动机是避免痛苦还是追求快乐，从而引导孩子积极探索学习的意义。

• 融入“系统”的能力

系统是两个或两个以上相同或不同的个体，为共同的意义和目的聚合在一起。系统的范围可大可小，小的有家庭、班级；大一点如社区、街道、市区；更大一点的还有国家、联合国。人不会脱离系统独立存在，每个人都同时处于各种系统之中。如何让孩子更好地融入系统，是一个极为重要的命题。

要有效融入系统，我们必须得到他人的接受和尊重。一个人越有价值、越能为系统做贡献，就会越容易得到尊重。除了能力，品行也很重要，为了利益不择手段的人即便能力再高也很难得到他人尊重。此外，被尊重的前提是我们也懂得尊重他人、尊重系统规则。

当然，融入系统不意味着放弃自我。我们要鼓励孩子，在任何“系统”中都要坚守自己的原则和底线，这一点十分重要。

第二章

关系第一，有关系才有教育

1. 关系对了，教育才有效

在教育孩子的过程中，很多家长的苦恼来自孩子“不听管教”，家长往往将原因归咎于孩子叛逆、不听话，其实这是倒果为因。实际上，亲子教育不成功往往是因为没有建立良好的亲子关系。

我们都有过类似的体会，如果一个非常要好的朋友指出你在生活中的某个问题，给你提出改进建议，你不会觉得这个朋友无礼，反而会乐于接受他的意见，甚至还可能感激他愿意吐露真言，帮助你成长。如果一个关系一般或者是你讨厌的朋友对你说同样的话，哪怕他语气态度都很好，你也可能觉得反感，认为他是故意挑刺、多管闲事。

亲子教育也是同样的道理。只有先建立起良好的亲子关系，教育才会有效。关系不到位，你说什么孩子都不相信、不认同，教育也就无法产生应有的作用。

先来做个简单的小测试，看看你和孩子的关系质量可以打几分?

下面有20个描述，请根据你的实际情况对描述的符合程度进行打分，1分表示非常不符合、2分表示不符合、3分表示一般、4分表示符合、5分表示非常符合。打分时无须过多考虑，选择最符合实际情况的即可。

（1）不管我的工作或生活多忙，每天我都会留一些时间给孩子。

（2）我能经常保持愉快的心情和孩子相处。

（3）我认为孩子可以是理性的，能自己面对和解决问题。

（4）和孩子对话时，我较少使用“你应该……”“你最好……否则……”“你再不……我就……”等句式。

（5）我觉得孩子能开心地生活，比成绩好更重要。

（6）我觉得孩子犯错和惹麻烦是成长必经的过程。

（7）孩子说话时，我能耐心专注地听完。

（8）我能经常和孩子有亲密的接触（如摸头、拍肩、拍手、拥抱……）

（9）即使孩子犯了错，我也不会因此就认为他（她）是个坏孩子。

（10）我经常给自己和孩子充裕的时间，避免催促孩子。

（11）不论孩子发生了什么事，我都能站在孩子的立场，与他共情。

（12）亲子间有冲突时，我不认为一定是孩子的错。

（13）我能给孩子充分的自主空间，决定自己的事。

（14）我要求孩子做的事情，我自己都能做到。

（15）我答应孩子的事情都会履行。

（16）我与孩子谈话时，能了解孩子内心真正的感受。

（17）我了解孩子内心的喜好和厌恶。

（18）孩子愿意主动地告诉我他在外面发生的事情和内心感受。

（19）和孩子谈完话，我甚少批评或指责孩子的想法。

（20）我满意我目前的家庭和孩子的状况。

完成20道题后，将所有分数相加，若总分在80分以上，表示你的亲子关系良好，请继续保持下去。若总分在60 ~ 80分之间，表示亲子关系尚可，但是还有改善的空间。如果总分在60分以下，则表示你的亲子关系已有了危机，需要尽快做出调整。

我们会花很多时间去经营自己的职场关系、朋友关系、亲密关系，却少有家长认为需要花时间经营亲子关系。很多家长觉得，孩子是自己亲生的，血浓于水，理所当然地认为孩子应该听从、认可和接受我们的所作所为。在孩子年幼的时候，因为依赖父母的养育和照顾，可能确实会表现出顺从、听话，但是随着孩子自我意识的逐渐形成，父母就会发现孩子开始寻求更平等的关系，而不是管教与被管教、命令与服从的关系。

良好的亲子关系是帮助孩子建立完整自我最重要、最核心的部分，也是教育孩子的前提条件。在亲子关系上，我们投入再多的精力都不过分。我们投入得越早，和孩子的关系越融洽，越会在孩子后续的成长过程中获得正面的回报。

2. 正确的身份：和孩子成为一伙儿的

我们说要营造良好的亲子关系，到底怎样的关系才算良好呢？李中莹老师曾经说过一句话：**关于亲子关系，假如只有一句话可以给父母，那就是做孩子的朋友。**

朋友与家长有很大的不同。朋友有对等的地位，是互相支持、信任和帮助的。有困难和困扰时，我们都会找朋友开解。好的朋友，不会老是说自己怎样正确，也不会逼对方接受自己的意见。就算对方做错了，也会原谅和鼓励他，继续支持他。最重要的是，与好的朋友谈话，双方都可以表达意见，没有一面倒的权威话语，更不会句句都是批判和指责！

我们对孩子有很多的爱和期待，所以同时我们也对孩子有很多要求。当我们一直在对孩子说"你应该/不应该"的时候，这样的关系是不是对立的？对立就会换来对抗。最好的关系是什么？是我们是"一伙儿"的，就像爸爸和自己是好兄弟，妈妈和自己是好闺蜜。你们想象一下，这种感觉是不是很好？

很多家长看到这儿甚至会蹦起来，说："哇，跟孩子做朋友，那父母岂不是没有权威了？这样孩子岂不是更不听我们的了？"其实不是的。想象一下，假如你的孩子在学校做了错事，他回家敢告诉你吗？如果你是"权威"，那么孩子肯定担心告诉你只会换来一顿批评说教，为了逃避这种感觉上的痛苦，他会选择隐瞒。而如果你是孩子的朋友，和孩子是"一伙儿"的，孩子肯定会迫不及待地告诉你，因为他知道你会站在他这边，理解他、支持他。

比如，和孩子是“一伙儿”的父母会这么说：“哎，你看，这种事确实有你做得不够好的地方，但是我们一起去面对好不好？爸爸/妈妈陪着你，我们一起看看我们能做些什么。如果去道歉，你觉得会不会有效果？如果你需要，我陪着你去可以吗？”当你这样说，孩子的感觉会怎么样，他会不乐意听吗？完全不会。

所以，聪明的父母都会向孩子传递一个信息：**我跟你永远是一伙儿的**。他们会用行动表明支持、陪伴和爱，给孩子力量，而不是一有问题就高高在上，和孩子划清界限，说：“我早就跟你说过……吧，你就是不听！”这种说教只会让孩子感到羞愧，不断消耗自尊、自信，并不能给孩子实际的帮助和指导。

我们之前做巴拉佳儿童学习力产品研发时，聘请了全球著名的本体治疗专家亚雷·杜尔特老师做我们的课程研发顾问，他分享的一个亲身经历让我印象深刻，这个故事就很好地呈现了如何做“和孩子一伙儿”的家长。

有一天，亚雷老师在超市里面遇到一个孩子，因为孩子吵着要买某个很贵的玩具，家长不允许，然后就在那儿哭闹，吸引了很多人的注意。大家都在纷纷议论。你知道这个家长是怎么做的吗？他首先去站在孩子前面，把所有围观者的目光挡住。然后蹲下身来跟孩子说：“我跟你在一起，他们不可以嘲笑你。你看我们现在的处境，好像很多人不太友好，我们找一个稍微安静的地方，好好聊一聊这个事情怎么处理好吗？”然后这个孩子马上停止了哭闹，很快就跟着他爸爸走开了。

如果这个场景里面的家长换成是你，你会怎么做？孩子在哭闹，引来很多人围观，这时候你肯定是站在孩子的对面，要么暴跳如雷，要么一脸冷漠，甚至可能一边不耐烦一边还会指责命令："别哭了！所有人都看你呢，看到没有，太丢脸了！"这样做不仅没有帮助孩子解决问题，反而增加了孩子的羞耻感。

当一个人在羞愧、恐惧、愤怒时，他只会更加坚持自己。只有当一个人感觉到被爱、被尊重、被接纳、被允许，他才会有尝试改变的勇气，而和孩子"成为一伙"，就是实现这种关系的最佳路径。

我做过十多年的青少年心理咨询辅导，接触过一个"厌学"的孩子，这个孩子真的非常优秀，表达能力强，各方面都很出色。老师很重视他，但却给他带来了更大的学习压力。你们知道早培班那种学习强度，不是一般孩子受得了的。加上这个孩子的父母又十分看重孩子的学习，后来这个孩子就出现了很严重的心理障碍，情绪变得非常不稳定，休学了。后来经过我一年多的陪伴辅导，这个孩子成功复学了。你知道我能成功的很大原因是什么吗？就因为妈妈非常配合，愿意学习并改变。其中关键的一个调整就是让妈妈跟这个孩子成为一伙儿的。当然这个改变不是强制的，而是需要一个契机。

某天恰好孩子在学校跟同学打架了，然后孩子特别生气，回来说："妈，有个同学说我很胖，我们打了一架，我再也不想去学校了！明天不去了啊，你给我退学！"然后这位妈妈就给我打电话。我说："哇，机会来了，你们成为一伙儿的机会终于来了！"

然后我就先让妈妈跟对方孩子的家长沟通，两人相当于在孩子面前“演”了一出戏。她当着孩子的面跟那个家长打电话：“你们怎么可以打我儿子！”然后打完电话说：“儿子，妈明天就去学校门口堵他，我太生气了！怎么可以这样欺负你！”

你知道这时候孩子的反应是什么吗？他马上说：“嗯，妈妈，其实我好像也没那么生气了。”他通过妈妈的这种共情，有了一份很大的力量感，感觉到妈妈理解他，他的内心获得了力量。他说：“其实我也有错，不管他怎么说我，我应该找老师，不应该动手，算了我明天还是去学校吧！”其实就是这样的一个契机，让孩子和妈妈开始成为一伙儿的。就是因为有了这个关系，孩子在妈妈的陪伴下，很快从之前的状态走出来了。

我自己和孩子也是这样的。我用了很多年的陪伴，来跟孩子建立了一个深度信任的关系，因为她绝对相信妈妈跟她是一伙儿的，所以当我有什么要提醒她，特别是牵扯到安全问题的时候，我只要稍微严肃地说，她马上就听，这是因为我们的关系到位。

跟孩子成为一伙儿的，不是一个短期就能达成的事，一定是长期坚持关系的投入和培养才能实现的。其中，父母的努力一定是大于孩子的努力的。父母具体需要做什么呢？主要是这三大方面。

（1）当孩子做到某件事时，及时给予肯定和称赞。注意，肯定的门槛要低，不要给孩子把要求和标准定得高高的，要抱着完全没有期待的心，当孩子取得哪怕1%的进步和成长，都值得肯定。当你愿意这样做时，孩子的自信心会越来越足，因为在你这里总能获得自信，他就更愿意与你亲近。

（2）当孩子失败或是做错时，和他一起面对。不要用批评、指责和他划清界限，而是要表达出你永远支持他、相信他的态度。不管怎样都和他一起承担结果，启发他思考并找到更好的解决方法，从这次的失败中总结经验，这样孩子不仅能获得力量感，增加抗挫力，还能不断从失败和错误中学习，变得越来越优秀。

（3）给孩子一个足够容纳情绪的空间。父母能够容纳孩子的情绪，意味着他们能够理解、接受并适当回应孩子的情感体验，这会让孩子与父母建立起一种信任感，在父母面前感到安全和放松，更愿意向父母表达真实的自我。更重要的是，这份接纳会让孩子有能力从低迷的状态里走出来。当父母与孩子共同经历情绪体验时，孩子会感到父母是“懂我”的，这种感觉促进了亲子之间形成更紧密的情感连接。

3．两种“时间”，修复受伤的亲子关系

常言道：好的亲子关系胜过一切的教育！亲子关系先于亲子教育，在保持良好关系基础上的教育才有意义，才容易收到好的效果。如果亲子关系不好，任何教育都是无效的，因为父母说的话在孩子那里已经没有作用了，他们根本不信任这份关系。

之前有家长找我咨询，说自己正处于青春期的孩子交了一些损友，整天聚在一起玩手机，孩子不听家长的管教，天天与家长吵架，关系弄得很糟糕，家长实在无奈了。

其实哪里用得着吵架呢？家长怎么吵得赢青春期的孩子？跟青春期的孩子相处，不能跟他吵架，而是要信任他、欣赏他。家长越是肯定他、欣赏他，和他建立和谐的关系，他就会越朝你期待的方向发展。

著名的儿童教育家、心理学家简•尼尔森（Jane Nelsen）在《正面管教》中分享过一个类似的故事。

儿子上高中后认识了一群狐朋狗友，染上了恶习。父亲为了管教儿子，对他禁足，还没收了手机。没想到儿子越来越叛逆。后来，父亲去参加了家庭教育课。课堂上，老师对这位父亲说：不要急于纠正孩子的行为，先建立信任关系，多陪陪孩子，情况就会慢慢好转。

从那之后，这位父亲每周去陪儿子吃一次饭。连续陪了三周之后，儿子就愿意主动和他说自己发生的事情，还和他一起回忆

起了儿时的趣事。

接着，老师又告诉父亲：克制批评和说教，尝试肯定儿子。三个月后，儿子的行为开始悄悄改变。不仅尊重父亲，还减少了和朋友鬼混的次数，甚至会问父母一些考大学和将来工作的事情。

如果孩子出现这些行为：翻白眼、不屑一顾、不耐烦、鄙视、冷漠、爱理不理、对着干、学习成绩下降、与同学之间容易产生矛盾，甚至争吵打斗……这说明你们之间的亲子关系可能“生病”了。如果家长仍然接收不到这些信号，孩子可能会将自己关在房间之中，拒绝与父母沟通交流，他们可能不上学、不交流、不社交，整天在家打游戏、玩手机，有的甚至离家出走！

很多家长发现孩子有这些行为，往往着急解决“问题”，并没有意识到，问题只是表象，症结在亲子关系上。如果关系不修复，再怎么努力也是枉然，孩子不会出现你预期的转变。

亲子关系受损后，家长应积极修复受损的亲子关系，这既是家长责任所在，也是义务所在，更是爱之所在。这里提供两种有助于修复关系的做法，仅供参考。每位家长都是最了解自己孩子的人，只有了解，才能找到最适合的方式。

● 黄金时间

“黄金时间”是指家长与子女做一些双方喜欢一起做的活动。在活动中由孩子主动控制活动的流程，家长则在其中致力于改善关系。“黄金时间”对改善亲子关系有很大的功效，所以每周都应该有至少一次“黄金时间”。

这个方案共有4个步骤，最好是由家长与孩子共同执行。认真做一份“黄金时间活动表”，贴在家里显眼的地方，让孩子感到家长对这件事的重视。

（1）挑选活动

尽可能列出家长与孩子喜欢一起做的活动，越多越好。这些活动尽量在30分钟至45分钟内做完，并且花费不多。例如：去公园散步；骑自行车去邻街的商铺买雪糕吃；乘坐公交车5站后再走路回家；开车兜风；一起玩拼图……请至少让孩子挑选10项至12项这样的活动，写进你们的“黄金时间活动表”里，作为近期的计划。

（2）定下“约会”

每周最好有一次或一次以上的“黄金时间”。在那段时间里，家长与孩子共同选出某一项活动一起去做。双方必须约好每次“黄金时间”的日子、时间，并且在日历上写清楚。若有急事不能如期进行，需要双方一起商量，约定改期。家长认真对待约会能使孩子感到受重视，所以清楚约定并写在日历上很重要。若屡次改期或失约，孩子会对家长的诚意有所怀疑。

（3）家长采用新行为模式

在“黄金时间”里，让孩子决定活动的进行，家长则把注意力放在改变言语及行为模式方面。因为过去导致亲子关系不佳主要是因为父母没有用有效的言语行为模式，而“黄金时间”是给父母一个机会，让双方在温馨的氛围中尝试调整。所以要想关系转变，更重要的是父母言语及行为模式的改变。

在活动中，以下言语及行为应该增加。

嘉许。例如：“这看来很令人满意。”“你做得很在行。”“我看得出你很细心。”

描述。例如："你考虑应该要哪一个？""你的衣服上有点雪糕。""你正在细心观察，看看有没有认识的名字。"

接触。家长应该多与孩子有身体上的接触，例如，拥抱，拍拍孩子的肩膀，握手，亲吻孩子的脸，让孩子拉着你的手等。

同时，应该避免或减少以下的话语：

质询。例如："一点小事你为什么那样生气？！""你为什么总是慢吞吞的！""我跟你说话听到没有？！"

命令。例如："快点把玩具收拾好！""不许再看手机了！""别吃了，快点走！"

批评。例如："你笨死了！""你太令我失望了！""你不应该用这样的态度！"

家长在使用这些言语及行为模式的时候要观察孩子的反应，如果孩子表现出接受、享受、开心和合作，那么证明你尝试的方向正确，日后可以多使用这些模式；而孩子如果对你的语言及行为表现出退缩、紧张或者抗拒，那就要改掉，在下次的尝试中再试试其他的模式。总结一句话就是：**有效坚持，无效改变。**

（4）活动完结后要讨论

每次"黄金时间"完结后，家长最好与孩子共同讨论一下各自的观察和感受。家长应特别注意孩子所说的话，以增加对孩子内心的了解。讨论以对孩子表达欣赏、支持和爱为主，切忌批评说教。当孩子不接受新的言语行为模式时，也不应气急败坏地指责，尤其不能希望自己一改变，亲子关系马上就有很大的转变。

- **太空时间**

“太空时间”是家长和孩子共度的一段很特别的时间，它是一个能够挽救濒临破裂的亲子关系的技巧，是当亲子关系出现危机时的紧急处理机制，就像是停电时的手电筒，或者火灾时的灭火器。

在“太空时间”里，双方要把所有不愉快的记忆或者情绪抛开，就像坐火箭去了太空，把所有不愉快的事留在地球上。在“太空时间”里，孩子可以毫无拘束地说出心里话，而家长也要毫无保留地献出关怀、支持及爱。

“太空时间”的目的是让亲子双方有一个良好的沟通机制，不让负面情绪或态度成为感情的隔膜。

建立“太空时间”，就像给这段亲子感情买一份保险。如果你想“临时抱佛脚”，在需要时才去建立，就太迟了。家长与孩子需要在双方心情都很好时一同坐下，谈清楚“太空时间”的规则及实行的程序。

家长或孩子都可以提出进入“太空时间”的要求，并且不设立任何先决条件。一般“太空时间”不应少于30分钟，最理想的是1小时左右。

在“太空时间”里，双方不再争论或互相抱怨、不提起未解决的事、不算旧账、不谈判、不逼对方，而是相互坦诚地说出内心的情感需要，说些大家在一起时快乐的事，谈一些大家可以一起做的开心的事，把对方视为最信赖的朋友。

“太空时间”尤其适合在吵架、“冷战”一段时间后，其中一方想修补彼此的关系时使用。可以通过口头表达，也可以用书面形式向对方提出“太空时间”的请求。如果一次“太空时间”无法达到你的预期效果，则可以在这次“太空时间”结束之前，约定第二次“太空时间”的具体时间。

在参与“太空时间”时，有几点问题需要家长注意。

（1）当孩子提出需要“太空时间”时，家长不得拒绝，且必须考虑尽早安排时间去实行。“太空时间”应被视为亲子关系的急救箱，是关系出现危机时的紧急处理机制。

（2）双方需约定一个手势作为信号。在“太空时间”里，如果一方忘记遵守规则而开始说出抱怨、批评、发泄的话，另一方便发出这个信号。一方看到这个信号，就需要马上转移话题、改变行为。若一方发出三次这个信号，另一方仍不改变，对方就有权中断“太空时间”并离开。

（3）如果家长惯用批判、否定、高高在上、只理性思考不关注感觉、坚持本人地位超越一切、自己从来没有错误、容易发脾气等态度和行为模式，“太空时间”不会有什么效果。因此成败完全取决于家长。

当需要用“太空时间”时，说明亲子关系已经岌岌可危了。所以家长必须明白并不断提醒自己，修复关系才是第一要务，让自己可以维持一个抽离的态度跟随上述指示，实现“太空时间”的效果，这对于维护良好的亲子关系有特殊的作用。

最后，任何技巧有效的前提是走心。如果你真心想改善与孩子的关系、尊重孩子，那么即使技巧不熟练，孩子也能感受到你的用心，愿意朝着好的方向改变。如果你只是抱着想要操控孩子、让孩子按照你的意图去做事的心，那么技巧再纯熟，也难有正面的效果。

4. 心态对了，关系才会到位

和之前祖祖辈辈的家长比起来，年轻一代的家长已经进步了很多，我们努力学习各种教育知识和理念，以改善和提升自己的教育水平，期待达到更好的效果。会购买和翻开这本书的家长，就是学习型家长的代表，能有这种行动，证明你们努力想要做个合格的家长。但是也许有家长会感叹：道理都懂，但就是做不到。学了很多道理，依然在教育孩子的过程中屡屡碰壁。为什么？李中莹老师说：**知道和做到之间，隔着心态和行动。**

亲子关系是每个人人生里第一份关系，它跟人生其他的人际关系都不能同一而论。孩子的成长过程其实就是父母将一张白纸般的孩子塑造成人的过程，从而让孩子能够适应社会，获得成长。从这个意义上讲，每个父母都是孩子的第一任老师，每一位老师也都想尽力培养出一个各方面都超越自己、更优秀的孩子。但带着太多的压力和过高的期待养育孩子，不仅会让家长自己很辛苦，也会给孩子造成很大的压力，不利于他们的身心健康发展。所以父母自己要先调整好心态，**心态对了，关系才会对；关系对了，教育才会更有效。**

●“望子成龙”只会给孩子带来压力

“望子成龙”是家长普遍的心态，也是给自己和孩子造成巨大压力的一种心态。家长对孩子有200分的爱，这一点是不可否认的。很多家长认为自己知道一套对孩子来说什么才是最好的标准，于是从小就对孩子宣贯这些思想：好好读书，考上好的学校，将来找个稳定的工作，最好是国企员工或公务员，有稳定的收入；又或者能进入世界500强企业，当管理层；或者做医生、律师、科学家，等等。

父母总是不知不觉地希望孩子做3种人：

第一，跟自己同样成功的人——这种情况常常出现在那些成功的企业家身上；因为他们自己成功了，所以觉得这是理所当然的事，要求孩子也必须做到；

第二，自己想做而未能做到的人——比如，很多父母梦想成为画家或者演员，但小时候没有这个机会和条件实现，而现在孩子有了实现父母当初那个梦想的条件，便逼着孩子去走这条路，替自己实现未完成的梦想；

第三，自己羡慕、敬重或者仰望的人。这些父母心里认为，自己不可能做到的事，孩子却有可能做到。

世界上没有两个人是一样的，孩子从根本上就不可能成为跟父母一样的人，父母也绝不可能给孩子成长所需的全部的、完整的条件，这是不可能做到的事。另外，当父母希望孩子成为某位名人或偶像的时候，已经扼杀了孩子比这位名人更成功的可能性。

每个孩子都有可能成为人类历史上卓越、取得巨大成就的人。可是，父母只要加注在孩子身上任何“什么对你最好”的信念，就会限制孩子发挥内在潜力的可能性。这些以“为你好”为名的压力，不但会约束孩子成长，甚至有可能会给孩子造成伤害。

李中莹老师小时候曾在中国香港生活。一有空，李老师就会去中环半山区找朋友玩。朋友家附近有一间“鬼屋”，那是一栋有着大花园、三层楼的大别墅，院子里长着一棵参天古树，看上去很漂亮。可是，从栅栏看进去，院子里长满了草，房子年久失修，莫名地冒出一股寒气，让人唯恐避之不及。

那时候的李老师总是好奇，这么漂亮的一栋别墅且坐落在香港房价最昂贵的地区之一，为什么这么荒凉呢?

后来，李老师听说了这栋别墅的故事。原来，这栋别墅的前主人出身名门望族，是香港很有名的律师，他的妻子是一位在行业内很有威望的会计师。他们结婚后不久便有了自己的孩子。孩子从小就很乖、很听话，对父母的安排百依百顺。他们对孩子的培养和教育也非常用心，从小就给孩子规划好人生，希望孩子长大后成为一名了不起的医生。为了实现这个计划，他们在任何方面都给孩子最好的，送他去最好的学校，找最好的老师。后来，又送他去美国学医。

大三暑假，孩子从美国回来。不久，孩子从三楼的房间跳楼自尽。孩子在临终前给父母留了一封信，信中说:“爸妈，对不起。我要辜负你们对我的爱和这些年的辛勤培养了。我真的尽力了。为了成为你们希望的样子，我每时每刻都在承受压力，这压力快要把我压垮了，我现在非常累，累得已经活不下去了……”

知道这个故事之后，李老师唏嘘不已。来自父母的爱，反倒成为压垮孩子的稻草，让他结束了自己年轻的生命。

传统教育模式下，父母给孩子很多压力，也给了孩子很多限制，让孩子听话，按照父母的期望成长。其中不知道多少个爱因斯坦、牛顿、爱迪生都被埋没了。再退一步说，即便孩子将来不能化身为“龙”，只是个平凡普通的人，父母还能不能好好地爱他呢？

回想孩子还没出生时，作为父母，你对这个小生命是如何期待的？只要他/她健健康康、顺利出生就好，是不是这样？可是随着孩子逐渐长大，我们做父母的对孩子的期待就变了，变成比身高、比成绩、比工作、比收入……孩子并不是我们攀比的工具。**孩子是和我们不同的、独立的生命。他们有自己的人生使命和课题，他们有自己的人生路要走，**并不是我们做父母的能操控的。尊重他们的生命，也尊重我们自己的生命，让孩子做自己。我们自己的愿望由我们自己去满足，这才是亲子关系和睦的基石，也是人和人关系最根本的原则。

- **正确看待自己的家长身份**

每个父母都想尽力做个好父母，可什么是好父母？怎样做好父母？并没有标准答案。这里我想说一些关于父母最基本的定位，守住这个底线，再加上坚守爱的初心，如此便能成为一个轻松、合格的父母。

首先，**父母并非超人，也并非十全十美的人，父母只是普通人。**我们必须承认，自己有心情好的时候，也有心情糟的时候；我们有自己的优点，也有自己的缺点；我们不可能永远正确，也不可能在任何事情上都做到完美。我们不是万能的，即便在培养孩子、和孩子相处的时候也是如此。因此，我们会犯错，会有局限，会失败。但这都不是我们不教导孩子的理由，也不是我们望子成龙的理由。坦然接受自己是普通人，才能给孩子足够的空间，让孩子成为他自己想成为的样子，而不是成为我们期待的样子。孩子有他自己的人生路要走，这是我们无法控制的。

其次，**父母和孩子有相同的、平等的需求，因为我们都是人**。在亲子关系中，有的父母过于强势，忽视了孩子的需求；有的父母又过于弱势，过度关注孩子而忽视了自己。显然，这两种状态都是不可取的。在亲子关系中，孩子需要获得尊重、被公平对待，做得不好时需要谅解和鼓励，感到烦恼、悲伤的时候需要有人支持、安慰，家长也同样如此。所以，当我们在照顾孩子的时候，也同样要照顾好自己，关注自己的内心需求。当我们能满足自己的需求时，就不会将一些不合理的需求投射在孩子身上，这对他们也并不公平。即使孩子的态度冒犯了我们，我们也要让他们明白如何尊重他人。

再次，**父母是永远给孩子爱和支持的人**。这一点不言而喻，当过父母的人内心都能理解这种情感。当孩子获得成功时，父母永远是最高兴的人；当孩子收获喜悦时，父母永远是最开心的人；当孩子生活幸福时，父母永远是在背后默默微笑的人；当孩子取得进步和成长时，父母永远在鼓励和嘉许；当孩子面对挫折时，父母永远会予以支持。父母是孩子的后盾，是孩子爱和力量的源泉。如果父母不能给予孩子足够的爱和支持，那么孩子一生都将在其他地方寻找。

最后，家长要做孩子成长的领路人。希望孩子成为什么样的人，父母要先去做到。孩子不是通过听你说的话来学习的，他们会用眼睛和心灵去学习、效仿，再形成习惯。真正好的教育是父母示范在先，孩子模仿在后：家长遇到事情时展现出自信、自爱、自尊的状态，孩子看在眼里，便也会这样做。家长面对事情当机立断，孩子便不会优柔寡断。家长勇于承担责任，孩子便也会愿意承担责任。家长礼让谦和，孩子耳濡目染便也能做到礼让谦和。在亲子教育中，身教的力量永远比言传更强大。

每代的父母都把自己全部的生命力量毫无保留地传承给了孩子，也把自己所拥有的、所知道的最好的东西给予了孩子，对孩子的爱超过200分。在教育孩子的每件事上，我们都做了当下能做的最好，即使同样的情况重来一遍，我们也不会做得更好。所以家长应该以积极的心态对待自己和孩子。为自己和孩子的心理健康着想，家长必须建立一个清晰的信念：**我已经给了孩子我可以做到的最好，同时，我还会继续寻找能做得更好的方法。**

5. 良好关系的背后，是正确的信念

信念就是我们内心深处关于世界（人、事、物）的看法。我们怎么看事情，决定我们怎么去应对事情。

信念系统是我们每个人的内在运行模式，几乎影响着我们人生99%的事情。信念系统（BVR）由信念（Beliefs）、价值观（Values）和规条（Rules）3部分构成。其中首要和核心的要素就是人的信念。信念对人的行为具有决定性的作用，一个人的信念决定着这个人情绪、言语与行为的发生。很多时候亲子关系出现问题，不是行为本身的问题，而是我们的信念出了问题。

举个例子，假如孩子关着门在房间里，说是在写作业，实际却在看手机。这时，不同的信念，会让你产生不同的感受和行为。

信念1：孩子是个认真自觉的人。

如果你认定孩子是认真自觉的，即便他此刻正在看手机，你也会认为他是用手机在查资料，或者已经完成了学习任务，在合理地安排自己放松的时间。在这样的信念下，你的情绪是平稳的，也许你会对他露出微笑，叮嘱他累了就休息一会儿。

信念2：孩子是个自制力差的人。

如果你认定孩子缺乏自制力，需要你的监督才会认真做事，那么当你看到他在看手机，你的第一反应一定是他又在偷偷玩游戏，没认真写作业。这种情况下你很容易激动，批评指责的话马上就会脱口而出。

同样的场景，同样的行为，只是你的信念不同，你对孩子的态度就有截然不同的变化。所以你还认为真的是孩子本身的行为影响了你的情绪吗？

我们每个人在一生中都拥有数以百万计的信念，绝大部分信念潜伏在我们的潜意识中，不会轻易显露出来。在教育孩子的事情上，父母也有无数的信念，这些信念到底是有用的，还是无用的？是让亲子关系更好还是更差？父母往往并没有认真去审视。信念的威力又是如此巨大，一个负面的信念会伤人伤己，甚至影响孩子的一生；而一个积极的信念也足够改变人的一生。

父母积极的信念可以影响孩子到什么程度？大家都知道，孤独症是一种复杂的神经发育障碍，目前尚无法完全被治愈，只能通过一些医学手段去干预，帮助患者实现社会功能的改善。有个组织专门研究孤独症，收集了数千个孤独症的个案。他们把那些做出效果的、好转的个案集中起来，分析究竟是什么产生了作用。他们发现，并不是靠看医生、开药，因为孤独症并没有什么真正有效的治疗药物，而治疗师的治疗方案也没有什么共同之处。这个组织研究了很多方面，最后发现，唯一的共同点是这些父母坚定地相信他们的孩子没问题。你可以说，这就是父母信念的奇迹！

身为父母，我们养育孩子的行为很重要，但更重要的是这些看不见的信念。一个人成长及其改变的内核就是“信念”，当信念发生变化，我们对人、事、物的看法自然也就不同了。如果想要事情有好的结果，改变信念往往是第一步。

李中莹老师提出的“好父母信念20条”，对于改善亲子关系，帮助家长更好地理解孩子、支持孩子成长有非常大的作用，建议家长认真读读，有必要的话也可以打印出来，贴在家里比较容易看到的地方，时刻提醒自己。

【理解孩子】

（1）没有两个人是一样的。

（2）孩子一生下来，便爱、信任及听从父母。

（3）孩子再坏的行为，都不是针对父母的。

（4）孩子在不断地努力做好，就算当他弄得最糟的时候也是一样。

（5）每个孩子都具备使自己拥有一个成功快乐的人生所需的全部能力，家长只不过是帮助孩子把这种能力有效地释放出来。

（6）孩子的智力和能力都很正常，只是没有在家长在乎的事情上表现出来。

（7）孩子的任何行为都不等于整个人。

（8）孩子的学习来自家长的行为和情绪，而不是指令。

（9）孩子的所有行为背后都必有其正面动机。

（10）有更好的方法，孩子必定跟随。

【行动指南】

（11）家长是每个孩子成长结果的最大决定因素。

（12）家长对孩子付出的爱，是没有任何其他东西可以代替的。

（13）所有亲子关系的改善，必先来自家长的一些改变。

（14）总有更好的办法，关键在于家长肯不肯去找。

（15）一个人不能控制另一个人。

（16）沟通的意义取决于对方的回应。

（17）有效果，比有道理更重要。

（18）成长过程是一个学习过程。

（19）帮助孩子成长，而不是替孩子成长。

（20）“爱”不可以作为筹码。

下面是对每条好父母信念的解读，仅供参考。大家都是智慧的父母，也会有更多智慧的解读，只要是有助于我们更好地理解和相信的解读都是可以的。

• 没有两个人是一样的

哪怕亲如母女、父子，也不是同一个人，家长和孩子有各自的性格、思想、信念和行为方式，不能苛求孩子与你一样。你对事情有一种看法，而孩子的看法与你不同，这并不奇怪。你有的优点、长处孩子不一定会有，而孩子也一定会有一些地方比你好，是你不具备或者比不上的。你能接受孩子的不同之处，孩子才会接受你的看法。你的人生路与孩子注定不会相同，发生在你身上有效果的事情，不能假定发生在孩子身上也有同样的效果。所以你的人生经验只能作为孩子的参考，并不能也不该成为他必须遵循的法则。

• 孩子一生下来，便爱、信任及听从父母

没有孩子是不爱父母的，孩子对父母更是发自本能地信任，不管对错，孩子内心都有一份对父母深深的认同。孩子之所以会变得不信任父母，是因为成长过程中父母做了太多不恰当的行为，减损了孩子对父母的信任。

- **孩子再坏的行为，都不是针对父母的**

孩子的每个行为都是为了满足他们自身成长的需要，包括犯错。“坏行为”只是无效的行为，当找到更有效的做法，就有可能转为有效的行为。与其将眼光放在孩子行为的结果上，不如看到孩子行为背后的需要。而父母正是不断给予孩子爱和力量、满足孩子成长需要的人。

- **孩子在不断地努力做好，就算当他弄得最糟的时候也是一样**

每个人的成长都不是一帆风顺的，成长的过程本身就是不断尝试、不断从错误中积累经验后走向成功的过程。如果不能接受孩子失败的尝试，只会扼杀他们成长的可能性，使他们变得畏首畏尾、止步不前。当他们在不懈努力时，肯定他们这份努力；当他们没有得到好的结果时，鼓励他们继续尝试。只有这样，他们才会有足够的自信去迎接人生更多风雨的洗礼。

- **每个孩子都具备使自己拥有一个成功快乐的人生所需的全部能力，家长只不过是帮助孩子把这种能力有效地释放出来。**

孩子拥有自我发展的内在动力机制。他们渴望成长、渴望被认可，这种内在动力会促使他们努力克服困难，积极探索新事物。比如，当孩子学习走路时，尽管会不断摔倒，但他们内心仍有一种强烈的愿望驱使自己站起来继续尝试，这种动力推动他们不断成长，积累经验能力，是他们走向成功快乐的不竭之源。这份动力，是每个孩子出生就已经充分具备的，可惜的是很多父母并没有正确地对待，而是当成“问题”给扼杀了。

每个孩子都拥有无限的潜能，家长的首要任务是引导孩子发现自己的能力。这需要家长提供丰富多样的环境和机会，让孩子在不同的体验中发现自己的兴趣和特长，从而发掘自身的能力。此外，家长要营造一个积极、包容的家庭氛围，让孩子在心理上有安全感。在这样的环境下，孩子才能够更加自由地发挥自己的能力。

• 孩子的智力和能力都很正常，只是没有在家长在乎的事情上表现出来

孩子天生就具备足够的学习能力，和成年人相比，每个孩子都是学习方面的天才。家长之所以觉得孩子学习能力不足，一方面是因为孩子没有被教导如何调动自己的力量去学习，另一方面是孩子自己想要的和家长在乎的不一致。当被允许做自己想做的事情时，孩子表现出来的能力有多么强大、表现有多令人惊喜，这便是最直接的证明。

• 孩子的任何行为都不等于整个人

任何行为都只是暂时的表现，昨天做了一件事，不代表今天会做同样的事。这一刻做得不好，不代表下一刻不能做得更好。对待孩子，家长要学会把事和人分开。允许孩子做得不够好，因为没有人事事都能做到完美。同时也要坚定地相信孩子会不断成长，越来越好。因为生命本身的力量就是不断成长、向前。

- **孩子的学习来自家长的行为和情绪，而不是指令**

语言和文字在孩子的脑海里很难产生可靠的效果，行为和情绪却能激起他们的反应。所以，教条式的训导往往收效甚微，用行动和情绪引导孩子反倒能收获很好的效果。孩子应对事情的反应和情绪源自对家长情绪和行为的模仿。家长心平气和，孩子就能学会心平气和；家长遇事暴跳如雷，孩子遇到一点小事也会暴跳如雷。所以想要孩子认真听指令，除了表达清晰，肢体和情绪语言往往更值得我们注意。

- **孩子的所有行为背后都必有其正面动机**

孩子的所有行为都不是无目的的，而是有意义的，只是他未必懂得，也没有能力说出来，因为这些意义是深层的心理活动。每个人的行为都是在当时环境里最符合自己利益的做法，因为潜意识会自动为我们选择符合最佳利益的行为。家长需要把孩子的行为和动机分开，可以不接受孩子的行为，但不能不接受其背后的动机。找出孩子行为背后的正面动机并加以肯定，再引导孩子寻找另外更有效的做法，这是最容易让孩子接受你的途径。

- **有更好的方法，孩子必定跟随**

每个人都希望做出能给自己带来最佳利益的选择，孩子也一样。孩子不按照你的要求做，是因为你的方法不足以吸引孩子，不符合孩子的最佳利益。如果你有更好的方法满足孩子的利益，孩子必定跟随。让孩子认识到另一个方法能使他得到的更多、付出的更少，孩子自然会采用那个方法。更好的方法是提供帮助，给孩子更多选择，而不是指定、强迫和操控。孩子会欢迎你的帮助，但会抗拒你的操控。

- **家长是每个孩子成长结果的最大决定因素**

孩子的生命经由父母而来，孩子成长的环境也由父母一手缔造。父母是树，孩子只是树上结出的果。什么样的树上结什么样的果，想要果子又大又甜，先去滋养培育那棵树吧。该施肥施肥，该除虫除虫。家长做对了，孩子的成长才不会偏离轨道。

- **家长对孩子付出的爱，是没有任何其他东西可以代替的**

一粒种子要萌芽，必须经过阳光雨露的滋养，否则仅凭种子自己，无论如何也不可能长大。父母对孩子的爱便如同阳光雨露，没有任何东西可以替代。孩子越小的时候越需要父母的爱和照顾，如此才能健康成长。如果该给爱的时候没给够，就算将来父母给再多物质和关怀，也无法弥补当时的缺失。

- **所有亲子关系的改善，必先来自家长的一些改变**

孩子的思想和行为是由他成长过程中遇到的种种事情及他学到的思考模式决定的。因此，家长需要明白，孩子的现状“有家长的一份责任”。也就是说，是家长的思想、语言、行为和情绪表现模式塑造出孩子今天的状态。要想孩子有所不同，家长必须先自己在这些方面有所改变。

- **总有更好的办法，关键在于家长肯不肯去找**

事情之所以没有改变，是因为还在重复过去的旧模式和做法。改变必须来自新的办法和尝试。如果家长坚信“我没有办法”，只是不断地重复旧模式，那结果必然不会有变化。没有办法，不过是意愿不够，不相信有成功的可能。唯有相信有改变的可能，才会坚持去做！

● 一个人不能控制另一个人

一个人不能推动另外一个人，每个人都只能被自己的信念、价值观推动；一个人不能“教导”另外一个人，因此没有“教”，只有“学”。“教”孩子不重要，让孩子“学”到才重要。每个人都有自己的一套信念、价值观和规条，哪怕他还只是一个孩子，父母也不能抱着控制他的心态，要求他放弃自己的信念、价值观和规条而去接受你的。这既是困难的，也是不可能的。我们一旦这样做，势必会激起孩子的反抗。我们控制得越厉害，孩子的反抗就来得越凶猛。

● 沟通的意义取决于对方的回应

我们说的是什么不重要，孩子听到的是什么才重要。父母老是强调自己说得有道理、说得很对，可孩子听不进去，再有道理的话也是废话。所以，沟通的重点是有效，而不是有道理。沟通的效果由听者决定，但是由说者控制。改变说的方式，才有机会改变听的效果。用孩子听得懂且能够接受的语言、语气、说话模式对他说话，会产生更好的效果。

● 有效果，比有道理更重要

教育孩子必须坚持效果，而不是坚持道理和规条。道理和规条再正确，如果不能指向最终想要达成的效果，就是错误的、应该及时舍弃的。在教育孩子时，关注沟通的方式、加强情感的联系、提供正面的行为示范及创造实践的机会，都比单纯追求道理的正确性更能促进孩子的健康成长。当然，这并不是说道理不重要，而是在传递这些道理时，我们可以采用更有效的方法，以确保孩子能够真正理解和吸收。

● 成长过程是一个学习过程

孩子对生活中的各种事物充满好奇，正是为了学习如何掌握更多、做得更好。只有在不断探索和尝试中，孩子才能知道其中哪一个是更好的，才能知道如何把事情做得更好。孩子从发生的事情中学习经验，家长要引导他们关注如何使自己提升。把焦点放在失败上，只会减少他们尝试的欲望，因而变得停滞不前。在孩子尝试、学习的过程中，家长应多给予支持和鼓励，少否定和打压，不给失败“贴标签”，只给成功多庆祝。

● 帮助孩子成长，而不是替孩子成长

代替孩子做孩子自己该做的事，便是父母企图替代孩子成长。很多父母认为这是爱，实际是害。任何代替孩子成长的行为，都会在孩子身上产生负面效应。孩子学不到该学的东西，会产生依赖、缺乏自信，长大后会为此付出沉重的代价。家长代替孩子做孩子该做的事，不会得到孩子的尊敬，习惯依赖的孩子只会抱怨和挑剔父母做得不够，企图要更多。鼓励和引导孩子学会照顾自己，是帮助孩子成长最有效的方法。自律、自信、自尊这些品质，都需要孩子从“做自己的事”中培育出来。

• “爱”不可以作为筹码

父母对孩子的爱是孩子信心与活力的源泉。因此，家长不应随意地用它作为要挟孩子或与孩子交换的筹码。这份爱是亲子关系的基础和支柱，父母应给孩子绝对的信心，也就是说，孩子必须对这份爱没有任何怀疑。父母需明白，若今日你以爱为条件去要求孩子，他日孩子也将会以同样的方式对待你。更坏的是，这个模式会继续传递给下一代。作为父母，爱孩子的理由只有一个，那就是他是你的孩子，除此之外没有其他任何理由。任何一种有条件的爱其实只是一份操控对方的企图，只不过是用印上“爱”的包装纸裹起来罢了。

当父母能坚持这20条信念，很多以前认为是“问题”的事情可能就已经有所改变了。态度改变，行为也会发生相应的改变。当然这20条并不是绝对真理，而是一种假定有效的信念。我们在实践的过程中根据产生的效果，再决定下次是否继续采用同样的态度。有效就坚持，无效就改变。为了孩子更好的未来，我们总是可以有更多、更好的选择。

扫码跟练“信念植入法”

第三章

做“三不”父母

1. 什么是“三不”

前言部分，我们在讲孩子建立“完整自我”时，提到过“三不”。“三不”不仅是父母帮孩子建立资格感和存在感的重要方式，更是塑造亲子关系的基石。

在“三不”环境中，家长不再是孩子的评判者，而是支持者和陪伴者。不否定，意味着尊重孩子的感受和选择，让孩子知道他们的想法是有价值的；不说教，代表着家长愿意倾听孩子的声音，而不是一味地灌输道理；不对抗，则是避免权力斗争，让孩子在家庭中感受到平等与尊重。在这样的环境中，孩子内在的三大动力就会被完全激发。

举例来说，当孩子考试成绩不理想时，遵循“三不”原则的父母不会直接否定孩子的努力，也不是就孩子的失败进行说教，更不会通过发泄不满情绪造成孩子的愤怒和对抗，而是和孩子站在一起，肯定他们已经付出的努力，鼓励他们分析原因，找到可以提升的方向和方法，并支持他们积极行动。在这样的环境中，孩子的内在动力得到充分激发，他们会更加自信地迎接挑战。

“三不”营造的是一个充满爱与包容的心理疗愈的场域，在这个空间里，孩子可以从学校和社会带来的心理压力和焦虑中解脱出来，释放负面情绪，激发正面情绪，提升自我价值感和成就感。试想，在这样一个充满了爱和允许的空间，孩子的心灵怎能不茁壮成长？

然而，现实中我们的孩子往往长期处于一种“被迫式”学习状态，生活中充满了各种要求、限制、否定……这样的氛围导致孩子渐渐变得麻木。父母给孩子营造的家庭氛围就是孩子的心灵港湾，可我们究竟给孩子营造了一个什么样的家庭氛围？他愿意回家吗？回来后能真正放松吗？他是否愿意和我们共度时光？是否能在我们面前展现真实的自我？

我们有个导师在学习了“三不”之后，不仅她的孩子说她变化很大，连其他小孩也都很愿意跟她待在一起。她跟我分享了这样一个故事。

前段时间她带孩子去旅游，跟另外一家人结伴同行。这家有两个孩子，一个孩子上初三，另一个孩子上三年级。有一个特别有意思的现象，白天这俩孩子都跟着家人一起行动，到了晚上她们一定要来她的房间，不跟她们的妈妈待在一起，而是在她这里赖呀赖，一直赖到妈妈叫了很多遍，她们才回到自己的房间。问她们为什么，她们说：“阿姨，我们喜欢和你待在一起。”

她们的妈妈就是典型的只关注学习的家长，搞得孩子和她在一起时精神就非常紧绷，会本能地抗拒。而这两个孩子在她的场域，就会觉得是放松的，和跟妈妈在一起时是完全不同的感觉。

李中莹老师说，“三不”是一种生命的状态，是一份人生智慧。如果家长能在家里打造一个“三不”空间，会给孩子带来充沛的生命滋养，这股力量源泉会成为他们成长路上源源不断的动力，助力孩子建立一个更加完整的自我。

2. “三不”的修炼一：心态

“三不”虽然是短短的3个词组，看起来很容易，要做到却并不容易。要做到“三不”的状态，父母首先在心态上要做到两点：**第一是谦卑与尊重；第二是界限。**

前面我们讲生命传承的时候谈到，每个生命都不是独立存在的，而是隶属一个更大的系统。每个孩子背后都有父母，而父母背后又有他们的父母。所以当我们面对一个孩子的时候，我们面对的其实是一个系统，孩子其实不是我们的孩子，而是系统的未来。

所以当我们用这样的态度去想去看待孩子的时候，我们还会再把他们当成一个弱小的生命吗？还会觉得孩子就是我们的产物，是我们的附属品，是我们有权操控的吗？**所以我们和孩子，其实是生命和生命的关系，是系统和系统的关系。**当我们去面对一个孩子的时候，我们要怀着对生命的谦卑与尊重。

扫码跟练“与历代父母连接”

陈香梅公益基金会的理事长师老师曾经跟我讲过这番话，听完后我深受感动。他说孩子是我们留在世界的唯一，当我们有一天离开的时候，我们所剩下的也只有孩子了，是孩子让这个系统生生不息地发展下去。所以孩子是我们系统的未来，我们要从生命系统的层面来看待亲子教育这个事情。

说完了“谦卑与尊重”，我们再来说说“界限”。界限太重要了，谈任何关系都免不了界限问题，亲子关系也是如此。很多亲子关系之所以冲突不断，就是因为没有处理好“界限”。

电影《黑天鹅》讲述了一段令人窒息的母女关系。

妮娜的妈妈因为意外怀孕而放弃了舞蹈事业，于是就将女儿当成了生命和梦想的延续。她事无巨细地照顾着女儿：帮女儿检查身体，帮她剪指甲，为她穿衣服，每天睡觉前帮她打开天鹅湖的音乐盒提醒她的“梦想”。但也严格地约束着女儿：她不允许女儿有隐私，妮娜的房间门不能上锁；不允许她交朋友，一切都要按照她的意愿来。她总是对女儿说：“我因为生下了你，才结束了舞台生涯。”

女儿在妈妈的影响下，也觉得自己应该成为一个舞者，努力训练，非常乖巧懂事。但是妈妈对女儿的“控制”越来越严，只要女儿有一点点反抗，她就认为女儿不爱她。妮娜因为胃不舒服不想吃蛋糕，她就要将蛋糕倒掉，直到女儿吃了几口，她才高兴起来；女儿因为焦虑而将手臂抓伤，她立马拽着女儿手指将指甲通通剪掉。妮娜一直被妈妈的“占有欲”压抑着，活得痛苦又麻木。

这种“窒息”的共生关系，就是一种典型的缺失了界限感的亲子关系。我们很多父母虽然没有到这么严重的程度，但是也会做类似的事情，打着“爱”的旗号，控制孩子的思想和生活，一点点蚕食和侵犯孩子的自我边界，如下。

（1）以营养健康为由，严格控制孩子的饮食，甚至体重；

（2）经常未经孩子同意查看其个人物品、日记、社交媒体账号等；

（3）强迫孩子参加不喜欢的活动或选择不喜欢的学习方向；

（4）限制孩子自由选择交友的权利；

（5）将孩子与其他孩子进行比较，给孩子“贴标签”，如“你不如哥哥/姐姐/弟弟/妹妹聪明”；

（6）不允许孩子自由支配自己的财务，甚至有时候会利用经济手段来惩罚孩子；

（7）未经同意触摸孩子的身体，或是在公共场合对孩子进行不当的身体接触，如拥抱、亲吻等；

（8）使用侮辱性言语批评孩子，如“你真笨”“你怎么这么没用”；

（9）将自己的情绪问题转嫁给孩子，如因工作压力大而对孩子发脾气等。

小到孩子应该吃什么、穿什么、上什么兴趣班、和什么样的人交往，大到孩子应该读什么学校、选择什么工作，甚至和什么人结婚，什么时候要孩子，父母都想要全方位控制和干预。这种父母口口声声说自己这样做是出于对孩子的爱，恰恰误解了爱的含义。**爱并不给人操控他人的权利，爱是我愿意做点事为你加分，而不是减分。**

心理学家海灵格在其创立的“家庭系统排列”学问中指出：每个家庭成员都要扮演好自己的角色，角色混乱，家庭就会隐藏危机。很多父母之所以很容易侵犯孩子的界限，就是因为角色混乱，不知道自己该做什么不该做什么。

大家听说过“人生三类事”吗？李中莹老师曾经说过：人的一生其实就只有三类事，自己的事、他人的事、老天的事。很多人生烦恼的起因，就是没有正确区分这三类事。

自己的事——尽力。要使自己的人生更成功快乐，是自己的事，必须自己去做，不能假手他人，因为每个人都要为自己的人生负责。并且要实现目标，必须全力以赴，有勇气改变我们可以改变的。面对我们无法改变的事，要学会面对→接受→学习→放下→转身面向未来。

很多父母自己的人生理想实现不了，就拼命逼着孩子去替自己实现，这就是搞错了“课题”。自己的理想，只有自己去实现，孩子要忙着实现他自己的人生理想，没空来替你实现。

尽力，不是让我们每件事都全力以赴，而是区分什么是对自己真正重要的。面对人生最珍视的目标，我们有勇气奋力拼搏，去改变我能改变的。全力以赴后仍然无法改变的事，我们要学会面对→接受→从中学习→放下→转身面向未来。

他人的事——尊重。别人的事，是他自己的事，我们必须接受和尊重。接受就是允许他人有存在的空间。接受没有对错的区别。如果我们的世界是一个硬盘，我们每个人是其中一个文件夹，接受就是自己存在的同时允许他人同样存在。我们可以不喜欢、不认同他人的做法，但是不能否认对方的存在。同时接受也不代表我们一定要按照他人的方式去运作。

尊重就是不要以为我可以做些什么能改变他、操控他，要他听我的话，这种操控是不可能有效果的。人与人之间是平等的，没有一个人比另一个人更高或者更低，因为在生命层面上，大家的本质都是相同的。

老天的事——顺从。老天的事，是我们无法改变的事，好比天气，刮风、下雨还是出太阳，我们没有太多可以干预的空间，只能以一种平静的心境去接受。假如不能接受，每天都是抱怨，那就是自讨苦吃。我们不但要尊重“老天的事”，更要懂得顺着老天的运作、规律而发展，这样才可以过得轻松。比如，知道要下雨就提前备好雨伞，才能避免淋到雨。

前面我们谈到孩子的发展自有其规律，懂得顺应规律、因材施教的父母，才会事半功倍，很轻松地培养孩子。如果不顺应规律，想要“人定胜天”，那么一定是要付出代价的。

父母要明白，“孩子的事，是他人的事”，我们不能侵犯他的领地，更不能以爱为名操控和改变对方。要把孩子当成独立的人来尊重，而不是复制我们，这才是父母应该做的事情。

- **尊重隐私**

不随意翻阅孩子的书包、日记本或手机，除非有非常正当的理由（如出于安全考虑）。即使是出于关心，也应先征得孩子的同意。我们可以鼓励孩子分享自己的想法和感受，但如果孩子不愿意谈论某些话题，应予以尊重。

- **倾听和理解**

在与孩子日常沟通时，应做到认真倾听孩子的意见和感受，而不是只顾着表达自己的意见。通过点头、眼神接触等方式表明你在认真听。当孩子在表达时，不要轻易打断或立即评判，让孩子完整地表达自己的想法。

- **鼓励自主决策**

在适当的时候给孩子一些自主选择的机会，如选择衣服、食物或课外活动等。这有助于培养孩子的决策能力和责任感。鼓励孩子独立思考问题，并提出自己的解决方案。即使孩子的想法不够成熟，也要给予肯定和支持。

- **尊重意见和感受**

当孩子的意见与我们不一致时，即使不同意孩子的观点，也要尊重他们的看法，避免轻视或嘲笑。当孩子表达自己的感受时，用语言和行动表达你的理解和支持，如“我明白你为什么会有这样的感觉”。

- **主动道歉**

当父母的所作所为侵犯了孩子的界限，让孩子感觉到没有被尊重时，父母应放下所谓的“面子”，及时向孩子传达歉意、承认错误，如此才会让孩子感受到尊重与支持，赢得孩子的信任。

一天，小明的父亲发现儿子的书桌上放着一本笔记本，出于好奇，想看看儿子最近在想些什么，便悄悄翻开了笔记本。读了几页后，父亲意识到这是儿子的私密记录，立即感到内疚，迅速合上了笔记本。

当天晚上，父亲找了个合适的时间，坐下来和小明进行了交谈。他诚恳地向小明道歉，解释了自己的初衷，并表示今后一定会尊重儿子的隐私。小明听到父亲的话，心里感到温暖，同时也更加信任父亲。

从那以后，小明的父母开始更加注意尊重儿子的个人空间。他们不再随意翻看小明的书包或日记，而是更多地通过沟通来了解儿子的想法和感受。每当小明有新的兴趣爱好或遇到问题时，父母都会耐心倾听，并提供必要的支持和建议。

随着时间的推移，小明变得更加自信和开朗。他开始主动和父母分享自己的想法和计划，甚至邀请父母一起参加学校的文学社团活动。父母的支持和尊重让他感受到了家庭的温暖和支持，也更加坚定了他对写作的热爱。

父母通过身体力行示范如何尊重孩子的界限，就等于给孩子树立了榜样，让他学会如何尊重他人，如何尊重他人界限。当然，我们在尊重他人的同时，也需要获得他人尊重。当别人侵犯了我们的边界时，我们也要学会有礼貌地说“不”，这也是一个重要的功课。

通过以上这些方法，父母不仅能够尊重孩子的界限感，还能帮助孩子建立健康的自我意识，提升人际交往能力，这将为他们未来的成长和发展打下坚实的基础。

3．“三不”的修炼二：语言

我们发现“三不”里面，有两个都跟语言表达有关，不否定和不说教。所以“三不”能力的修炼，最重要的部分就是语言的修炼。

语言其实是有魔力的，可以摧毁一个人，也可以塑造一个人。语言不仅包含了我们说出来的语言，也包括无声的语言，如身体姿势等。语言是我们传递信息、交流思想、表达感情的工具，它的表层是意识，深层其实是我们的思维模式，体现着我们的信念、价值观和规条。

我们说话的时候其实就是在构建一种思维模式，倾听者也不只是在接收你传达的语言信息，而是在与你深层的信念、价值观互动。NLP创始人理查德·班德勒曾说过：当你在和人说话时，要么是在传递信息，要么就是在改变他。所以想要影响一个人，语言是非常重要的“工具”。我们可以运用语言去改变自己、别人的心态和思想，从而改变行为和结果。

要具备“三不”的能力，在语言层面上，我们有3大要点：第一是正面语言；第二是只有肯定，绝不否定；第三是配合语言技巧。

● 正面语言

首先我们要知道一个事实，就是我们的大脑神经网络在处理语言指令的时候，只能接收正面的指令，对负面的指令会自动过滤。举个例子，请你在脑海中只能想象熊猫，不要想大象。这时候你脑袋里面会想到什么？是不是大象和熊猫都出现了？我们明明说“不要想大象”，可是大脑无法接收和处理这个“不要”，所以自动变成了“想大象”。

所以我们经常会对孩子说“不要玩手机”“不要拖延磨蹭”“不要睡懒觉”，在孩子大脑中就变成了“玩手机”“拖延”“睡懒觉”！所以我们就能明白，为什么跟孩子说了那么多遍，他们还是做不到，因为指令就给错了。

我们家小宝读幼儿园的时候，有一个很要好的朋友，他家正好就住我们家楼上。这个孩子有一个习惯，就是很喜欢抖腿。他妈妈特别烦他这个动作，每次孩子一做这个动作，他妈妈就一掌拍在他腿上，说：“不准抖！别抖了！”那么可想而知，孩子非但没有改变这个习惯，甚至越抖越频繁。

后来有一次我看到了，就对他妈妈说：“当你说‘不、别’的时候，实际上是在不断强化他的症状，他的症状就不会消失。反过来，当你看到他处于这个状态的时候，把他带到另一个地方，转移他的注意力。孩子的能量要去‘导’而不是去‘堵’。”

结果这个妈妈就用了我说的这种方式，虽然对她来说憋得很辛苦，因为要管住自己说“不”，但效果很好，孩子抖腿的症状很快就消失了。

所以我们要明白，当我们不断地说“不”，实际上反而是在不断强化孩子对这个负面指令的印象，变成一个固化的认知。只有改成正面的语言，才能更好地引导他们。

那么什么是正面语言呢？相较于负面语言，正面语言其实是一种动态的、面向未来的语言，它的话语本身带着行动的力量和方向，让人感觉到有希望。所以正面语言更能促使一个人发生行为改变。

语言对比表

项　目	负面语言	正面语言
状　态	静态（在困境里）	动态、面向未来
力量感	很强的无力感	显示着行动的力量
结　果	把思想放在无法控制或不想要的因素上	使心态改变

举几个例子，大家就可以感受到两种语言的不同。

负面语言：我没有信心。

正面语言：我可以做些什么增强我的信心。

负面语言：我次次都失败。

正面语言：我需要找出新的做法。

负面语言：以前从未有人做过。

正面语言：我应该怎样开始。

我们说负面语言就像“困境”，把人困在一个地方不能动弹，这种感受是非常无助无望的。有一个化解这种语言困境的技巧——五步脱困法。

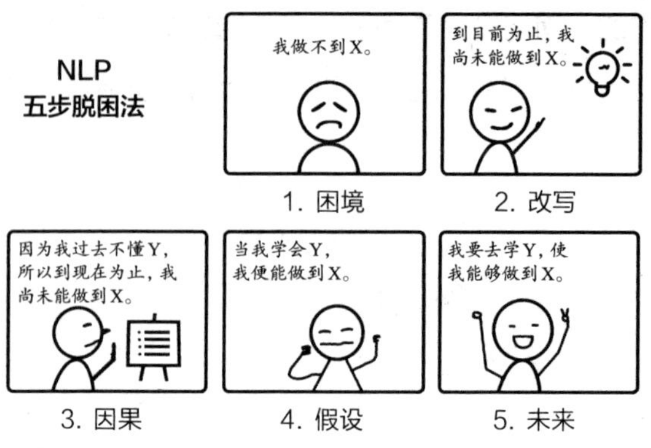

NLP五步脱困法

五步脱困法是NLP里面经常用的一个语言引导技巧。很多人内心的困境，其实是本人的一些负面的、限制性的信念造成的。以下的五个步骤能够帮助对方运用语言把处于困境的心态改为积极进取的心态，使其有更清晰的行动目标和途径。

假如一个人说他做不到某一件事X，你可以运用这个技巧，引导他体会以下五个句子，每一句都处理了他的一些局限性信念：

第一步，困境："我做不到X。"

第二步，改写："到目前为止，我尚未能做到X。"

第三步，因果："因为我过去不懂Y，所以到现在为止，我尚未能做到X。"

第四步，假设："当我学会Y，我便能做到X。"

第五步，未来："我要去学Y，使我能够做到X。"

假如孩子说"我不会游泳"，这是一个很明显的困境语言，当他这么说的时候，便已经否定了自己学会游泳的全部可能。那么作为家长，我们可以怎么运用五步脱困法引导他走出困境呢？

首先，我们可以帮他改写困境：“你是说，你到目前为止还没能学会游泳是吗？”

那么孩子可能会给出他的原因：“是的，因为没有合适的人教我。”

你可以帮他明确因果：“哦，因为你还没有找到一个合适的教练，所以到现在为止，你还没能学会游泳。”

假如你描述得准确，孩子肯定会点头回应。

你可以进一步引导他假设：“你是说，当你找到一个喜欢的、合适的教练，你就能学会游泳了，对吗？”因为这是孩子自己建立的因果逻辑，所以他们一定会认可。

接下来，就是引导策划未来：“那么当你做了哪些事，可以帮你找到一位你喜欢的游泳教练？”

也许孩子会回答你：“我可以让班上学过或正在学游泳的同学给我推荐”，这当然是一个不错的办法，没准用这个方法，真的帮孩子找到一个喜欢的教练。

然后你可以进一步引导孩子：“你想用多长时间学会游泳？”

孩子：“我觉得游泳可能并不是那么难，也许我3个月就能学会。”

你：“很好，当你找到合适的教练，你打算怎么安排，让你能在3个月之内学会泳？”

孩子也许会制订一个计划表，如每周2次练习，只要坚持执行，就可以顺利学会游泳了。

所以这就是正面语言的魔力，我们完全不用说服、逼迫孩子接受我们的想法，而是在一种非常友善和谐的状态下，就引导孩子转变了思维，变得更加积极。各位父母可以多加练习这个技巧。

下面是一些负面语言的例子，各位家长们可以尝试做“负转正”练习。

你怎么这么简单的题目都不会做！（看来这个题目有些难度，我们一起看看可以怎么解。）

你看看人家小明，再看看你！（大家都说小明特别勤奋优秀，其实在妈妈心里，你比小明强100倍！）

你怎么总这样！（你这样做我感觉很生气，可以换一种方式吗？）

就你那个成绩，绝对考不上大学！（你很努力，妈妈都看到了，如果下一次在这个基础上提升了，我们就一起去庆祝一下！）

你真让我失望！（出现这样的情况，妈妈和你的感受是一样的。）

我还不是为了你好！（妈妈是爱你的，这个方式却让你感到不舒服，对不起。）

你还有脸哭！（我感受到你的伤心了，妈妈很心疼。）

为什么老师只说你，不说别人？（老师说你了，你感觉怎么样，还好吗？）

你再这样，妈妈就不喜欢你了！（虽然你这样，妈妈还是爱你！）

你给我闭嘴！（嘘，我们小声点好吗？）

• 只有肯定，绝不否定

在开篇部分我们讲孩子的“三大生命动力”的时候提到，孩子内在本能有一个强大的动力，就是“使用能力谋求肯定”的动力。为什么这个肯定对孩子这么重要呢？因为肯定是将能力转化为自信的关键环节。

感觉→尝试→经验→能力→肯定→自信→自爱→自尊，这个链路大家还记得吗？当孩子具备了某些能力，需要经过对他们能力的肯定，才能转化为自信。没有经过肯定的能力是无法变成自信的。

例如，一个孩子具备了说英语的能力，但是他对一个外国人说了两句英语，外国人表示听不懂，或者嘲笑这个孩子说得不好、不标准，这份能力没有被肯定，所以不会发展成自信，孩子日后面对其他外国人，肯定只会结结巴巴、支支吾吾，不敢说英语。假如这个外国人对孩子说的两句英语给予了恰当的回应，或者称赞孩子说得好，这个孩子就有了说英语的自信，后面就会越说越好。

每个人都需要得到足够的肯定，才能培养出足够的自信。自信是我相信我有足够的能力。有自信的人，更懂得照顾自己，管理自己，才能拥有一个更好的未来。所以，给予孩子肯定，是孩子成长过程中家长要做的最重要的事情之一。

在当今社会，孩子每天得到的否定远比肯定多，五次肯定也抵消不了一次否定的伤害。所以大部分的人在孩童时代都没有培养出足够的自信，导致成年后始终维持在一个不自信、低自我价值感的状态。

很多家长担心给孩子太多肯定会让他们变得骄傲自满，止步不前。其实肯定是给人力量的，它不仅不会阻止人进步，反而会催生出更多向上的动力。试想一下，当你面对一个特别欣赏你的人，看你什么都好的时候，你好意思在他面前做出特别出格的事吗？肯定不会，你只想表现得更好，以得到更多的肯定和欣赏。

很多家长有个误区，就是认为只有否定才能帮助孩子提升。比如，孩子写字一般，家长希望孩子把字写得更好，但他们不是通过肯定孩子现有的努力和能力去促使他们进步的，而是否定："你看看你写的字，这么潦草，老师看都看不下去，以后考试也会影响卷面分数的，你知不知道！"这种否定的语言，不会让孩子产生想要向上的动力，只会让他们感到羞愧，消耗了他们"使用能力谋求肯定"的动力。

我不知道你们生命当中有没有这样的长辈，李中莹老师给我的感觉就是这样的，他对我有一份很大的接纳，永远助力我。所以每次我想到他就感到温暖，然后在老师面前我就只想努力去做得更好，因为他给了我力量。当他用欣赏的眼光看到我的时候，我只想做得更好。

所以我们说，肯定带来自信，而自信很重要，它令孩子有力量、能多线思考，一个人有足够的自信，才会迸发出蓬勃的力量，去实现自己想要的理想人生。**每个人都想拥有成功快乐的人生，而李中莹老师说自信就是那张入门卡。**所以我们做父母的，真的要用足够的精力去培养孩子的自信。

在日常生活中，我们应该怎样去肯定孩子，帮助孩子培养自信呢？在NLP里面我们有**"五种肯定"**。

肯定动机。孩子的任何行为背后都有一个正面动机。同时孩子的每个举动也都是当时他能做的最好选择。当我们肯定孩子做事的动机，孩子就会觉得被理解，更愿意与我们敞开心扉。

举例：你当时对弟弟大喊大叫，也是希望他停止游戏，尽快投入学习，对吧。

肯定情绪。每一种情绪都有其价值和意义，不是给我们力量，就是在指引方向。肯定孩子的情绪，这也是家长同理心的体现。

举例：我想遇到这样的情况，你当时肯定很生气吧。

肯定可以肯定的部分。把事和人分开。虽然结果不理想，但孩子的身上总有很多的闪光点是值得我们去关注的。肯定孩子的身份和品质，能带给孩子更大的正向激励。

举例：虽然你打人不对，但你为朋友挺身而出的勇气令我十分欣赏。

从对方的角度肯定。我们可以从孩子说过的话中找出重要观点或信息，加以复述和肯定，使两个人之间产生“同声同气”的感觉，为良好的沟通氛围奠定基础。

举例：你觉得吃早餐很麻烦，之前我也是这样认为的。

承认新的可能性。即便现在的情况没有让人很满意，但一次失败的经历之中也蕴含了成功的经验，只要肯定有这种可能，孩子就会更有动力去实现。

举例：“有了这次的经验教训，下次你就知道如何礼貌地与人交谈，真的太好了！”

总之只要带着“孩子总有地方值得我们肯定”的态度去面对，就一定能把肯定自然得体地做出来。

● 配合的语言技巧

在给孩子肯定的时候，我们除了要注意使用正面语言，还需要注意语音语调和面部表情的配合，如眼神接触、面带微笑、轻松柔和的语调。除此之外，还有一些语言技巧可以帮助我们达成沟通效果，主要有：复述、感性回应、例同。

（1）复述，就是重复对方刚才说过的话里面一些重要的信息。例如：

“我听到你说……”

“你刚才说……”

“看看我是否听得清楚，你说……”

复述表面上看很简单，但事实上是很有效的技巧，它的效果源于以下的心理影响：

使对方觉得你在乎他说的话；

使对方觉得你很想准确明白他的意思；

使对方自己听清楚自己说的话，以免产生错误；

加强对方说话的肯定性，以便重提时对方容易记起；

给自己一点时间去思考如何做出更好的回答。

（2）感性回应，就是将对方话语的意思，加上自己的经验感受，再回应给对方。

如对方说：“吃早餐对身体很重要”，感性回应就是：“是啊，我每天都要吃早餐，吃饱了才有力气工作！你说是吗？”

感性回应是把自己的感受提出来与对方分享，当对方接受时，就会也与你分享他的感受，能够分享感受是一个人接受另一个人的表示。

（3）例同，就是把想说的话借助另一个人的故事说出来。例如：

“有个朋友……”

“听说有一个人……”

“上次我遇到一个跟你同年龄的孩子……”

例同的好处就是借他人的故事说自己的心声，既降低了对方的心理防备和对抗，也让对方更容易接受，因为人对故事天生都有好奇心理。

这里举一个例子，用同一个场景来带大家分别感受一下三种技巧的效果。假如孩子说：小明刚刚在学校里打了我一拳，我再也不想和他做朋友了！

复述：你刚才说小明打了你一拳？

感性回应：那你肯定特别生气吧！

例同：我有个朋友，上次也是被他最要好的朋友撞了一下肩膀，他也觉得很生气，觉得没有被朋友尊重！

我们会发现，其实在和孩子交流的过程中，并不是一招就能应对所有场景。这也要求我们家长要“单独地学，综合地用”，这样才能起到更好的效果。

4.“三不”的修炼三：行为

培养“三不”的能力，除了前面的心态和语言非常重要，还有第三部分，是我们的行为，主要是肢体和表情方面的回应技巧，包括看、听、说、笑、拥抱、手势。

看，主要指眼神的连接。在沟通中，有眼神的连接很重要。因为我们常常说“眼睛是心灵的窗户”，所以我们的眼神也传递着很多的信息。当你说话时看着孩子的眼睛，眼神是柔和的、专注的，就能和孩子建立一个很好的连接。

我听过一个很特别的案例，有一个小女孩，她的出生给家里带来了无尽的欢乐，但同时也带来了一连串的困惑。在小女孩出生的头三年里，她动不动就会哭泣不止，总是要哭到精疲力尽才能睡一会儿，但睡觉不会超过两小时。这让父母百思不得其解，他们安装了四个摄像头，试图找出孩子哭泣的原因，但外在环境并无异常。

在无计可施的情况下，父母请来了一位心理咨询师。咨询师在深入了解情况后，发现了一个关键的细节：小女孩一直由妈妈和姥姥抚养，但她们从未与这个小女孩有过真正的眼神对视。咨询师怀疑这可能是问题的根源。

为了验证这个猜想，咨询师进行了一个简单的实验。他让小女孩躺在床上，自己握着她的手，同时让姥姥也握着孩子的手，并尝试与孩子进行眼神交流。然而，姥姥和妈妈都无法做到这一点。

他们决定让平时忙碌、很少在家的爸爸也参与进来。心理咨询师让爸爸用同样的方式，握着孩子的手，与她进行眼神对视。仅仅两分钟后，爸爸流下了眼泪，而更神奇的是，孩子停止了哭泣。在爸爸的陪伴下，孩子第一次睡了一个整觉，结束了长达三年的间歇性哭泣。

沟通中与孩子建立眼神连接是非常重要的，我们现在很多家长其实很缺乏和孩子的眼神连接，你有多久没有好好和你的孩子对视过了？带着柔和的、喜悦的心情，试试看能不能坚持1分钟？

听，是指专注地聆听。当孩子跟你交流的时候，一定要停下手头的事情和工作，蹲下来，用信任、亲切的眼光平视对方，让他感到你在认真听。当你这样做的时候，孩子才会感觉到被尊重，才会愿意跟你继续交谈。

聆听的过程，是一个身心投入的状态，需要用耳朵、眼睛、嘴巴和心灵一起完成。有了足够的聆听，我们才能准确了解孩子的意思。通过聆听，我们还可以掌握孩子的内心状态和情绪变化，给予更好的回应和支持。

笑，是指微笑的表情。微笑对改善沟通气氛有多重要这里不用多说了，相信每个家长都能明白。我知道很多人其实不太擅长微笑，你以为自己在微笑，其实在孩子看来你的表情还是很严肃的。平时多关注一下自己的表情，可以借助镜子多练习一下，看看你能不能自然微笑，露出你的八颗牙齿。

说，是指温暖亲切的声音语调。除了表情会传递心声，其实语音语调也传递着我们内心的态度。有时候你对孩子说的话，为什么他们不相信？是因为你说的和你内心的感觉不是一回事，如孩子做错了事，你嘴里说着“我理解”，但语调就是很生气、很低沉，你说孩子愿意相信你真的理解他吗？只会觉得你下一秒马上就要批评他了。

语音语调是我们可以通过刻意练习去改变的，所以平时就可以多感受一下自己的声音，多练习一下用温柔的语调说话，你会发现孩子很快就能感觉到你的变化。

拥抱。这个也不用多解释了，一个拥抱胜过千言万语，爱都在拥抱里了。我强烈建议家长每天至少给孩子3次拥抱，要慢慢地、紧紧地拥抱，至少停留1分钟。这既是一种身体连接，也是很好的表达爱的方式。

手势。主要是肯定的手势，如竖起大拇指。有时候对孩子表达肯定，即使不用语言，一个竖起的大拇指也能让孩子感受到你对他的认可。

第四章

了解孩子的情绪

1. 孩子情绪背后的根源

很多家长都对孩子的情绪问题感到非常揪心，亲子关系中一大半的问题和矛盾冲突都是源自情绪。大部分家长都觉得孩子发脾气是不好的，应该制止。其实发脾气是孩子在通过情绪向大人传递内心的信息。

在多数人的认知里，情绪分为两类，正面的和负面的。正面的情绪诸如喜悦、宁静、兴奋，这些是美好的，我们要充分地享受；负面的情绪诸如悲伤、愤怒、恐惧等给我们不好的感觉，是我们需要控制和压抑的。实际上，情绪并没有正面和负面之分，也没有好坏、对错之分，几乎每一种情绪都有其意义和价值，不是给予我们某种力量，就是指引我们找寻更好的方向。

比如：

愤怒，其实是在给予我们力量，去改变不能接受的情况。

痛苦，是在指引我们寻找一个摆脱的方向。

焦虑、紧张，提醒我们某件事情很重要，需要特别关注；同时提醒我们在资源或能力上可能不足。

恐惧，是不愿意付出以为要付出的代价。

惭愧/内疚/遗憾，以为已经完结的事情里还有未完结的部分，推动我们把未完结的部分完成。

悲伤，让我们从失去里得到力量，更加珍惜自己仍然拥有的东西，包括记忆。

失望，对人、事、物的失望来自想要控制的企图，无法如愿控制就失望了；对自己的失望来自不接受自己，所以失望也是指引方向的情绪。

除此之外，情绪也是一种信号，在和人交往的过程中，我们通过情绪来推测彼此内心的想法，根据这种推测来决定自己下一步的行为。例如，当我们看到朋友脸上露出笑容时，可能会觉得对方心情不错，从而放心地分享自己的趣事；反之，如果朋友的表情显得忧郁或愤怒，我们可能会变得谨慎，尝试去了解发生了什么，或者提供帮助。情绪不仅帮助我们更好地理解他人，还能增强连接和信任。通过有效的情绪交流，我们可以建立更和谐的人际关系，避免误解和冲突。

情绪还是一种驱使我们做某件事的动力，比如，我们因为感受到快乐而每天坚持做这件事。情绪也可以保护我们的安全，当我们感到恐惧时，会远离危险的事物。所以情绪没有好或者坏，我们需要做的是帮助孩子认识情绪、调整情绪，找到合适的表达方式。

每个家长都希望孩子学会管理情绪，但我们要知道，**孩子的情绪调节能力和大脑发育密不可分。**

我们的大脑是一个多层结构，其中负责情绪管理的部分叫情绪脑（边缘系统），主要包括杏仁核、海马体等结构，这些区域主要负责情绪处理和记忆。边缘系统在出生时已经相当发达，几个月大的婴儿就已经能够体验和表达基本的情绪，如高兴、悲伤、愤怒等。

情绪脑主要负责感知情绪，而要更好地调整情绪，需要理性脑参与。理性脑主要包括前额叶皮层，这一区域负责高级认知功能，如决策、计划、冲动控制和情绪调节。前额叶皮层的发育相对较晚，是一个长期的过程，直到25岁左右，我们大脑的前额叶皮层发育才算基本完成。所以当孩子闹情绪时，我们去和他们讲道理，孩子的大脑是接收不到这些道理的，因为他们的情绪脑比理性脑要强大。明白了这一点，家长也许能对孩子发脾气这件事多一些理解和接纳。

除了生理因素，孩子自我发展中的一些内外冲突也是导致情绪的直接因素。

如两三岁的时候，孩子的自主意识逐渐增强，很多事情都想要自己来做，可是他们的能力又达不到，这种能力和意识的不匹配会让孩子体验到挫败的感觉，这种挫败感就会通过发脾气来表达。

到了学龄期，孩子要面临学业的要求、规则的束缚，当孩子的能力无法达到任务目标时会产生失望、沮丧等情绪。到了青春期，孩子对自身身份角色的危机感，诸如因外貌和成绩而自卑、学校人际关系的变化、家长对未来过高的要求和期待等，都会是这阶段孩子容易爆发情绪的线索。

除了这些，导致孩子容易产生情绪的因素还有很多，诸如生理方面的因素（疲劳、饥饿、生病不适）、环境方面的因素（家庭冲突、学校压力等）、社交方面的因素（同伴关系、师生关系等），疾病方面的影响（学习障碍、抑郁焦虑等），都会让孩子容易处在情绪波动的状态。

有情绪不是孩子的错，只是孩子在向我们传递他的内心状态，看到这个状态背后孩子的需要，才是解决孩子情绪问题的着手点，带着这个态度去看待孩子情绪，父母就能多一分关爱，少一分责备。

2．应对孩子情绪，三种态度要不得

因为不了解情绪，害怕和逃避情绪，很多家长在面对孩子的情绪时，往往采取压制、忽视、转移的态度。这些方式不仅没有帮孩子正面认识和转化情绪，而且因为没有让情绪合理地表达、流动，还对孩子造成一定程度的心理伤害。

● 压制情绪，会造成心理伤害

我们常常会听到成人对孩子呵斥："哭什么哭，有什么好哭的，不许再哭了！"我就亲眼见过一些妈妈，一边严厉地数落孩子，一边压制孩子的情绪表达："把眼泪给我擦干净，闭嘴，不许哭！""再哭我就把你一个人扔在这里！"类似这样阻止孩子情绪表达的情况非常普遍。究其原因，就是成人意识中对负面情绪的排斥和恐惧心理在作祟。殊不知强行阻断孩子情绪的流动和释放，情绪长期积累就会导致孩子心理压抑，造成生命的淤堵。

为什么这些家长不能接受孩子有负面情绪呢？如果追溯他们的成长经历会发现，可能在幼儿时期，这些家长的父辈也是这样阻止他们表达情绪，哭闹就会迎来一顿暴打，或是一顿劈头盖脸的辱骂，导致这些家长认为"表达情绪是危险的"，所以成年后面对孩子的情绪时，他们才会重蹈覆辙。

心理学者黛博拉·麦克纳说过："当孩子有脾气时，请让孩子将脾气发完，而不是试图阻止孩子发脾气。发脾气本身是无害的，阻止孩子发脾气才是不利于孩子身心健康的。"

当孩子处于情绪中时，他们最需要的是被理解，让情绪得以释放，这样才能让他们身心舒畅。我们的身心就好比一个容器，情绪就像里面的水。如果情绪能够自由流动，水满了自然会溢出，身体和心灵就能自我调节。然而，如果人为地阻止情绪的表达，情绪就会不断累积，无法释放，最终超过孩子承受的极限，导致孩子情绪失控，形成情绪化的性格。

生命力相对较强的孩子会形成一种显性的、向外攻击的性格，孩子长大后易怒、暴躁，时常把情绪发泄给他人、攻击他人，情绪过后又无比自责愧疚。他们对外无法控制自己的情绪，往往令自己最爱的亲人受伤；对内自责愧疚、无力改变，形成双重压力。

生命力相对较弱的孩子会形成另一种隐性的、向内压抑型的性格，常常自我压抑、自我攻击、内心抑郁。他们遇到困难或挑战往往退缩逃避，对自己极其不满，没有动力。

无论是哪种情绪化的表现，孩子的生命都不能自由地舒展，内在的生命力被自我冲突消耗，连基本的能力都可能无力发展，更谈不上创造幸福的人生了。

● 交换情绪，培养不合理的欲望

有些父母在面对孩子情绪时，可能表现得相对温和，不是用打压阻止的手段，而是用一种“欲望转移”的方式，让孩子停止情绪发作，例如：“只要你不哭，我就带你去买冰淇淋。”“来，爸爸带你去看电影，别再发脾气啦！”

表面上看，这些父母在帮助孩子调节情绪，实际上还是在阻碍孩子的情绪释放，不但不能疏解孩子情绪，还会引发孩子的欲望，养成孩子以情绪来要挟父母，向父母索取的习惯。随着孩子逐渐长大，孩子的情绪也会越来越大，要求也会越来越高、越来越难以满足。

- **忽视情绪，让情绪更失控**

还有一些父母，在面对孩子的情绪时会采取“忽视”的态度，分为两种表现。

一种是冷漠以对。当孩子有情绪时，父母回避、不管不顾，任由孩子自己处理，或对孩子说：“回你的房间去吧，等你气消了再出来！”“你想哭就哭个够！”冷漠型家长虽然不指责孩子的情绪，但对孩子的情绪采取一种回避的态度。这种态度的背后往往是家长自己也不知道如何去面对和处理孩子的情绪。孩子没有得到有效的指导，会发展出不恰当的方式去表达情绪，或者以更过分和夸大的表达方式，来吸引家长的关注。

另外一种表现是不理会孩子的感受，喋喋不休地说教。说教型家长对孩子的情绪和感受视而不见，只集中精力说他们自己的那套大道理，他们强调“应该怎么做”“怎样更好”，但又没有具体有效的方法教孩子怎么真正做出来，对孩子来说不仅无效，反而会制造出更多痛苦，让孩子在本来已有的负面情绪上多添一分不耐烦，甚至愤怒，亲子关系因而变得更差。

以上3种类型家长，都没有引导孩子正确看待自身情绪，也没有关注孩子情绪产生背后的原因，更没有教孩子如何面对情绪和处理情绪。其实每一次情绪的产生，都是教会孩子管理情绪的机会。如果家长每一次都避而不谈，那孩子的理智脑和情绪脑就会错过一次又一次的连接，孩子如何变得理性成熟呢？在未来的人生长河里，孩子又如何有能力去应对每一次的情绪挑战呢？

想要让孩子学会管理情绪，父母首先要提高自己的情绪管理能力。如果我们自己的情绪都不稳定，面对孩子的情绪时也只会越管越糟糕。我们不提倡做完美父母，但在教育子女的过程中，父母至少要守住4条情绪底线：

第一，不以打骂的方式攻击孩子；

第二，不以自己的情绪跟孩子较劲；

第三，不在孩子面前崩溃、发泄情绪；

第四，如果实在没有控制住情绪，那就遵循本条，在发泄情绪之后真诚地向孩子道歉，明确告诉孩子没有控制好情绪是我们自己的问题，向孩子发泄是不对的。否则，孩子通过我们的情绪，只能对人性失望、对自我否定，又怎能培养出正确的自我认知和健康的人生观呢？

3. 合理的引导： EQ 型情绪处理法

智慧的家长，都懂得做孩子的“情绪容器”。我们知道，容器的内在有空间，有一定的包容性，能够承载其他东西。家长学会做孩子情绪的容器，意味着家长需要成为孩子情感表达的支持者和倾听者。这样做不仅能提供孩子所需的安全感，还能教会他们如何识别和管理情绪，并培养孩子的同理心，从而增强亲子关系，促进心理健康。当孩子的情绪得到合理表达和处理时，他们更容易学会用成熟的方式应对情绪，减少内心的压抑和焦虑，成长为更加健康、自信的人。

李中莹老师在研究情绪时提出了一个特别经典的情绪处理技巧，叫EQ型情绪处理法。这个方法在面对和处理他人情绪时十分有效，也不复杂，只有4个步骤：接受、分享、肯定、策划。

● 接受

接受是指注意到对方有情绪，接受带有这份情绪的他，并且就这样如实地告诉他：

你看起来有点儿情绪，愿意与我谈谈吗？

我看到你有点儿怒气，什么事让你生气呀？

接受绝对不是批判（“你怎么又发脾气啊！”），不是否定（“你不应该在这里发脾气的！”），不是表示不耐烦（“唉，你又发脾气啦!”),也不是忽视(如若无其事般闲谈)。

接受就是“你这个样子我是接受的，我愿意跟你沟通”的意思。

孩子跟所有成人一样，他们的情绪都是有原因的，尽管他们未必能够清晰地表达出来。用成人的角度和标准去看，这些原因或许不合理，但对孩子来说，那些原因是重要的。当站在孩子的角度去了解情况时，家长会更容易接受那些原因，孩子也容易感到被理解。

有时问孩子为什么感到伤心，孩子未必能够好好地回答你。无论是怎样的回答，你要尊重、肯定和接纳他们的感受。

● 分享

永远先分享情绪感受，后分享事情的内容。就算对方坚持先说事情内容，你也需要巧妙地把话题先引到情绪感受的分享。情绪感受未被处理，谈事情细节就不会有效果，往往只会放大对方的情绪。

当孩子表现出负面情绪的时候，家长首先应该做的，是帮助他们捕捉内心的情绪。孩子对情绪的认识不够，没有足够和适当的文字描述情绪，因此正确表达内心的感受会有困难。家长提供对孩子的感受清晰而准确的描述，有助于加强他们对情绪的认知。例如，“那使你觉得尴尬，对吗”，或者“你感到被人羞辱了，是吗”。当孩子越能精确地以言辞表达感受，就越能掌握处理情绪的能力。

例如，当孩子生气时，他可能也感到失意、愤怒、混乱、被出卖、妒忌等。当他感到难过时，他可能也感到受伤、被排斥、空虚、沮丧等。认识到这些情绪的存在，孩子就能更好地了解和处理他所面对的事情了。

孩子可能需要一些时间去表达他的感受，所以家长可以多给孩子一些耐心。如果他正在努力地说出情绪，不要打断他的话，只需单纯地鼓励他继续说下去就可以了。当孩子有足够的情绪表达后，家长会发现孩子的面部表情、身体语言、说话速度、音调、音量及语气等都会有明显舒缓。

如果上述的情绪处理得好，孩子会平静一点，这时再引导孩子说出事情的细节，往往更容易得到有效的信息，方便家长引导。

● 肯定

肯定使孩子能够保留他们的尊严和自信，因此他们会更愿意听从家长的引导。情绪本身没有错，只是情绪引发的行为未必恰当、有效。家长应表示理解和接受孩子的情绪和行为动机，引导孩子树立正确的行为规范。

例一："你对小刚拿走你的游戏机很生气，我明白那种感受，换作是我，我也会生气，只是你用打人的方式表达你的愤怒，导致现在他也想打你。这样，你俩便不能做朋友了，对吗？让我们一起来看看还有没有其他更好的办法。"

例二："你感到妒忌是正常的，因为妹妹比你抢先坐在车子的前座，但你用难听的字眼骂她就不对了。因为她不会明白，下次还是会抢先，所以骂人解决不了问题。"

重要的是让孩子明白，有情绪是正常的，他们的感受不是问题之所在，不当的行为才是问题的关键。因此，家长的职责是对行为设定规范。当孩子清楚了行为方面的规范，又有控制自己情绪的概念，他就会较少犯错。当他学会调整负面情绪后，就不需要家长责罚和管制。这样，孩子会接受家长成为公平、可靠的盟友，也就比较容易让家长参与、共同解决问题了。

- **策划**

经过上述的接受、分享、肯定，孩子现在会想："原来我有这样的情绪不是错，可是该怎么去处理问题呢？"这时候家长可以询问孩子想要的效果是什么，然后与孩子一起讨论解决问题的一些方法，引导他去发展自己的想法，帮助他做出最好的选择，鼓励他自己解决问题。

家长可以引导孩子从以下几个方面去想：

如果重新来过，你能想到其他的处理方法吗？

下次出现同样的情况，什么才是更好的做法，什么做法能使效果更加理想？

避免出现同样不如意的情况，你可以采取哪些预防措施？

如此一来，日后有类似情况出现时，孩子就有了更好的应对能力。其实人生当中的每件事，都是让我们学到一些东西的机会。明白这个道理的人，就不会抱怨，而是会不断进步、享受人生。越早让孩子明白这个道理，对孩子未来人生的成功就越有帮助。

很多家长学习了EQ型情绪处理法，回去用在跟孩子的沟通中，发现效果意外的好。下面是一个学员的案例。

（1）接受

昨晚辅导作业时，孩子告诉我，她们班数学老师点她起来回答问题，她回答不出来，然后数学老师就对她说："脑子不用是要锈掉的。"孩子一本正经地问我："妈妈，老师说得对吗？脑子不用真的会锈掉吗？妈妈，我都没举手，老师就点我回答问题，我不喜欢数学。"

我说："你看，你手都没举老师就点你回答问题，你们老师原来这么喜欢你、关注你呀！"我看到女儿的眼睛亮了一点。

我接着说："老师这样说，你心里是什么感受呢？突然被叫起来是不是很紧张？"

（2）分享

孩子："是的，老师要我在1分钟之内答出来，我掰着手指头没算出来。"

我继续说："妈妈小时候也有过同样的经历，被老师点名起来回答问题，好紧张，大脑一片空白，只能站着发呆。"

女儿马上惊讶地回答："妈妈，你怎么知道呀，我当时就是这种感受！"

（3）肯定

我说："突然被叫起来，换成谁都会紧张啦，我紧张的时候后背会特别紧绷，你呢？紧张的时候，身体哪个部位会不舒服呀？"

孩子说："我也是后背很紧绷，嗓子都有点说不出话来。"

我说："妈妈很心疼你，来，妈妈给你按摩一下后背，咱们一起做深呼吸，把这份紧张呼出去。感觉好些没？”

孩子点了点头，长长地呼出了一口气。

（4）策划

孩子说：“妈妈，老师说我脑子锈掉了，我不喜欢他。”

我说：“客观地说，妈妈确实听说过要多练习大脑才会越来越好用，想不想下次这位老师叫你时，你用出色的表现让他惊掉下巴？”我做了一个掉下巴的夸张表情。

孩子一下子乐了，然后大声说：“想！”

我说：“那咱们一起策划一个让老师惊掉下巴的逆袭计划！你们老师最近最喜欢提问的是什么问题呢？”

孩子说：“口算！”

我说：“这个妈妈擅长呀，咱们每天练习10分钟，保证一周逆袭，万一没成功，咱们再试试其他方法，反正得让你们老师惊掉下巴，好不？”我又做了一个吃惊的夸张表情。

孩子一下子就开心了，说“好！”

4. 培养孩子的情绪管理能力

每个孩子都难免有情绪失控的时候，遇到不顺心的事情会哭、会生气、会大吼大叫。除了接纳和引导，教会孩子自己掌握情绪管理的能力，是让我们更轻松且一劳永逸的方式。以下几个方法可以帮助孩子培养情绪管理的能力，不过这并不是孩子自己的事，前期需要家长共同参与。越早投入精力培养，家长就能越早享受孩子情绪稳定的好处。

- **帮助孩子识别情绪**

管理情绪的第一步，就是能识别出自己的各种情绪。孩子能识别出的情绪越多，他就越是能清晰准确地表达自己的情绪。有时，情绪只需被看见和被表达出来，就已经解决一大半问题了。

很多家长从小都是在“不许哭”的教育环境中成长起来的，自身就缺乏丰富的情绪感知力，又该如何帮助孩子识别各种情绪呢？方法有很多，例如，陪孩子一起看和情绪有关的绘本、动画，借助故事的力量、日常生活中的场景画面，让孩子理解各种情绪。

我有一个朋友，我认为他是很懂得给孩子做情商教育的家长之一。有一天，我和他、他3岁的孩子一起在公园散步。公园里有一个年龄比较大的孩子正在追赶一条狗，想去打那条狗。我朋友的孩子看到这个就大声叫：“爸爸，这个坏人，打他。”爸爸明白孩子的内心，看到一个人在打一条狗的时候，孩子内心有愤怒，从孩子的声调、表情都看得出来。

所以，爸爸对孩子说："你现在心里面那份感觉叫作愤怒，你可以告诉爸爸'爸爸，我看到他打这条狗，我心里很愤怒'。"孩子马上就重复了爸爸的话。这个爸爸的行为，就是引导孩子清楚地辨认内心的感觉是一种什么样的情绪，同时引导孩子清楚地表达内心的感觉。

此外，我们还可以根据各种情绪词汇，和孩子一起绘制"情绪脸谱图"。当孩子不能准确地表达自己的情绪时，我们可以询问："你现在的感觉跟图里面的哪张脸比较像呢？"当孩子能够指认出来，我们就可以进一步引导："哦，原来你现在是这种感觉，这种感觉叫'愤怒'。"

● 引导孩子接纳情绪

对于孩子的消极情绪，我们不要去否认、压制、贬低、怀疑，不要说"这有什么可怕的""你不应该感到失望""你没有理由生气"等，而是要帮助孩子去识别和接纳自己的情绪。正如我们前面谈到的，情绪没有好坏之分，即使是通常意义上的负面情绪也有其正面价值和意义。每当孩子有情绪的时候，就是家长引导他们及时关注自身感受、和自己的感受在一起的时候。

情绪是一个信号，提示我们有需求未满足。只有接纳情绪，才能进一步向内看，"我"的需求是什么，要怎么做来满足自己这份需求。要引导孩子接纳情绪，家长可以多和孩子沟通以下问题：

你现在感觉怎么样？

是什么事情让你产生了这样的情绪？

怎么做才能让你感觉好一些？

● 放大正面情绪

我们都有这样的感受，当我们觉得一天当中美好的事情很多时，就不容易产生负面情绪。平时带孩子多品味生活的美好瞬间，让孩子多积累这些正面的感受，可以提高他们对美好的敏感度，增强对负面事件的包容度。

家长还可以给好事拍照、录像、写日记、存档，经常跟孩子一起看，回顾这些美好的瞬间，或者给孩子准备一个“好事宝盒”，把能引起美好回忆的东西或照片都存在里面，有空就倒出来看看……当遇到情绪低落时，这些好事就是支持他们转变情绪的支撑点。

● 正确宣泄负面情绪

当负面情绪来袭时，我们除了正确地识别，也要允许情绪自然流动。如果压抑情绪，反而会对身体造成更大的伤害，也会让情绪的影响变得更持久、更不容易被消除。平时在孩子状态好的时候，家长就可以和孩子一起讨论：当出现某种负面情绪时，可以做什么事来让自己感觉更好，同时不伤害他人、破坏物品。下面是一些可以参考的方法。

宣泄法：比如，打枕头（爱打人的孩子慎用）、撕纸、随意涂画等。宣泄法的原则是以破坏性最小、不影响别人的方式发泄情绪。

倾诉法：找人聊天、写日记。

镇静法：数数、深呼吸。

转移法：看景色、听歌、运动、做自己爱好的事。还有就是前面介绍过的那些能引起正面情绪的方法，如想好事、品味美好瞬间等。

每个人的情绪感受都不一样，处理方式也没有标准答案。当我们帮孩子找出可用的方法后，可以让孩子在每次有情绪时进行尝试，有效的就让孩子坚持下去，无效的就引导孩子想想如何改变，还有没有其他更好的办法。通过这种方式，孩子不仅可以慢慢学会如何宣泄愤怒、伤心、委屈等负面情绪，也会认识到负面情绪并不可怕，我们会有很多方法和它相处。

孩子在尝试管理和控制情绪的过程中遭遇失败时，父母也要多鼓励支持，给孩子足够的信心，多说几句“我看到了你的进步，你愿意再试试吗”，让孩子知道无论怎样父母都在身后，遇到困难会一起想办法，那种被认可和接纳的感觉，才会真正推动孩子做出积极的改变。

在培养孩子学会管理情绪的过程中，父母自己先要以身作则，给孩子做一个好榜样。自己平时有了情绪，不该隐瞒欺骗，明明生气却说“我没事”，这只会让孩子对情绪感到困惑。当你感觉悲伤，你就说出来：“我现在感觉好难过呀，想找个地方哭一会儿。”当你收到好朋友的礼物感到快乐时，也不妨和孩子交流：“有人关心的感觉真是太幸福啦！”当你能自然地表达情绪时，孩子也就会从你身上学会如何自然地流露和表达情绪。

此外，父母也要适当学习一些调控情绪状态的小技巧，避免将情绪发泄给孩子造成负面影响。

5. 情绪上头太冲动？ 5个技巧迅速缓解

《中国亲子教育现状调查报告》指出，中国很多父母都有很严重的情绪问题，有87%左右的家长表示自己有过情绪失控而对孩子打骂的经历。看下面这些真实的案例：

8岁男孩因假期作业没能完成，爸爸一气之下踢了孩子胸部，还在失控之下拿菜刀砍伤了孩子的脚；

12岁男孩因有一科考试没过95分，妈妈对儿子拳打脚踢后，一气之下把他扔在高速上；

重庆一父亲心情不好，又被孩子惹到，愤怒之下迁怒于孩子，竟把亲生儿子从天桥上扔了下去；

辅导作业时，父母情绪崩溃，撕作业本、把孩子关小黑屋、对孩子打骂吼叫……

类似的例子数不胜数，而且屡见不鲜。因为父母情绪失控，孩子被无情地伤害，实在令人心疼。情绪是会传递的，父母情绪激动时，孩子也会变得不安，长此以往，孩子的心理也会慢慢变得不健康。所以在教育孩子的过程中，家长的必修课之一，就是要学会控制和管理情绪。

心理学研究表明，在亲子沟通中，当一位家长非常生气，陷入愤怒情绪中时，孩子感受到的93%是这位家长的情绪，7%才是家长说的语言。当你气急败坏地跟孩子说话时，孩子感受到的都是你的情绪，根本听不到也理解不了你表达的内容。所以，即使学了再多的家庭教育的理论和方法，在与孩子沟通时，如果做不到情绪稳定，那么一切都会失败。

我给家长最大的忠告，就是有情绪时不应沟通，待情绪平稳后，再用“EQ型情绪处理法”等方式处理问题。

家长和孩子的情绪是互相影响的，当孩子出现比较极端和剧烈的情绪的时候，也会影响到家长的情绪状态，让本来平静的沟通气氛瞬间变得火爆起来。家长和孩子都需要掌握适当的情绪控制技巧，发现自身情绪不稳定时及时调整。

当情绪出现剧烈波动时，身体、思想、行为等几个层面往往会出现信号，及时识别这些信号，有助于我们快速做出调整。

身体信号：呼吸急促、心跳加速、出汗、皮肤变红、肌肉紧绷、声调提高等。

思想信号：“他正在激怒我”“我想打他”“我讨厌他”“我希望他立刻消失”等。

行为信号：大声且急促地说话、面部表情强烈、激动的姿势或动作、打断对方说话、出现否定或伤害的字眼等。

当我们察觉到情绪失控时，最有效的方法是离开情绪爆发现场，冷静10 ~ 15分钟，同时配合一些NLP的技巧，让情绪快速平静。

- **呼吸放松法**

呼吸放松法是NLP的常用基本技巧之一。一般来说，呼气使一个人放松，吸气则使其内心力量感加强。吸气时，有意识地鼓起腹部，这样会有效地令横膈膜最大程度地下沉，利于副交感神经的启动。呼气时，将注意力放在双肩，这样双肩便会随着呼气而放松，从而带动全身的放松。注意呼吸的频率保持恒定，呼气时间应比吸气长，并尝试每一次呼气都比上一次更长。用这个方法，几分钟之内就能使自己的情绪平静下来。

- **现场抽离法**

当你在某个环境内因为一些人、事、物的存在而产生一些负面情绪时，现场抽离法能帮助你在该环境内减轻那份负面情绪。这个技巧需要预先练习纯熟，才能在那些环境内运用自如。

每当负面情绪出现、希望平复心情时，想象自己从空中往下看你正身处的场景，就像从直升机上看到自己和现场所有人。

只要在这个场景中看到自己，情绪便会快速平复。看到自己的形象，无须看清楚容貌，只要有一个人形，而且知道这个人形是自己即可。

想要更快达到效果，可以想象直升机上升，并且现场光线变暗，如此看到的景象就会缩小和变暗。

- **挂钩法**

挂钩法是一个能快速改变自己情绪状态的技巧。这个方法3分钟便能见效，而且会让我们感觉到内心状态的提升。挂钩法能促使体内多方面达到平衡，提高注意力、思考力和耐力等。

第1步，找个位子坐下来，双腿伸直，双脚脚掌交叠靠在地上。双手向前直伸交叠（交叠须配合双脚，假如右脚在上，则右手亦在左手之上，反之亦然）。双手拇指向下，如此，自会掌心对掌心。接下来，手指交叉结合，向下反拗至胸前。如此，将握成的拳头靠在胸口。

第2步，舌头向上顶住口腔内门牙稍后的位置，把呼吸调慢。

第3步，把注意力放在身体内心脏的位置，可以想象看到、听到或者感觉到心脏的跳动，保持这份专注，维持3分钟，状态便会平静下来。

扫码跟练“挂钩法”（视频）

- **海灵格法**

海灵格法适用于哭泣得太厉害停不下来的情况。使用这种方法，往往1 ~ 2分钟就能停止哭泣，让情绪恢复平静。

睁着眼睛哭：闭着眼睛是让自己停留在过去，而睁着眼睛是面对现在。

哭泣时不得发出声音：哭泣时发出声音，事件储藏在身体里的能量便无法疏导；无声地哭泣，身体里很多肌肉会绷紧，从而抒发那些能量。

张开嘴巴，用力并加快呼吸：这样会使体内正面的力量增加。

以上技巧既适合家长用，也适合孩子用，都是每个人单独可以完成的技巧。如果家长感觉到孩子情绪激烈或者状态不好，在孩子愿意配合的情况下，也可以用混合法，帮助孩子进行调整。

- **混合法**

混合法融合了中国的中医学和西方的运动机制学（Kinesiology）的原理与技巧。除了化解情绪，它还可以处理一些不良状态，如咳嗽不止、思维混乱等。一般可以在2 ~ 3分钟内消除孩子的激烈情绪或不良状态。

使用“混合法”时，孩子的脊背与大腿以90度直角姿势坐在椅子上，家长坐或站在孩子右手边，以左手手心按在孩子颈背的“大椎穴”（脊椎骨最为隆起的一点，位于颈部下方），右手则用拇指及中指分别按在孩子眉心上方额头中间的位置。双手无须用力，轻按即可。孩子只需闭上眼睛，保持正常呼吸。

第五章

精准有效的沟通

1．亲子沟通为何那么难？

前段时间做了一个朋友的个案。朋友是一位13岁孩子的妈妈，为和孩子的沟通问题而烦恼，她说两个人简直没法好好说话，几乎每天都是吵的状态。她说她已经极力克制了，但还是经常忍不住就和孩子大吵，然而大吵过后又很后悔，真的不知道该怎么熬下去！

我经常听到很多父母抱怨：孩子越长越大，沟通越来越费劲。特别是进入青春期的孩子，沟通起来特别困难，有时候大人问一句“今天过得怎么样”，得到的答案往往是“还行，挺好的”，就再也没了下文；有时候看孩子情绪不好，父母想关心一下，结果孩子一句“说了你也不懂！别管了”就关上了沟通的大门。这让父母很无奈，明明想对他们好，为什么沟通就这么难呢？

父母和青春期孩子沟通困难的原因其实有几个方面。

第一，孩子进入青春期，受生理发育的影响，体内的激素水平迅速变化，导致情绪易波动，有时候他们不能用平缓的语气跟父母沟通，真的不是他们想要这样，而是受体内激素控制下的自发反应，父母要给予理解。

第二，孩子不愿和父母沟通，有可能是父母的沟通方式出了问题。亲子沟通，指的是家庭中父母与子女之间交换资料、信息、观点、意见、情感和态度的过程，是父母与子女相互了解的重要方式，也是保持亲子关系和谐亲密的桥梁。从这个定义中我们可以看出，沟通双方应是平等的，可是中国父母常常重视自己身份的权威性，强调子女对自己的顺从，满足自己的期待，所以在沟通中不自觉地就会用一种居高临下的态度，对孩子进行说教、管控，这最容易引起孩子反感，导致沟通无效。

有位初一的学生说："我不太想跟父母沟通，因为他们永远都只顾着说自己的。"

"比如，我打完球回家跟我妈说，今天跟同学打球真痛快，还没等我说完，我妈就说'看你这一身汗，还不赶紧去换件衣服''这膝盖怎么都青了，跟你说过多少遍，让你小心点，怎么就不知道疼呢'。"

"有时候我考试考得不错，我跟她说，这次考试得了95分，她马上就会问我'你们班90分以上的有多少人啊，你那5分丢在哪里了'。"

很多时候父母的确是在对孩子表达关心，但因为沟通方式不对，孩子感受到的只有说教、指责、批评，便会用情绪来反抗，要么斗争，要么冷漠回避，最后就会导致原本的事件被忽视，双方因为情绪而"战火升级"，沟通的方向也就偏移了。

有的时候，因为父母习惯否定孩子的情绪和感受，导致孩子认为自己没有被理解和接纳，久而久之就会关上和父母沟通的心门。

小夕是一名初二学生，有一次小夕放学回来和妈妈抱怨，说感觉自己明明比同桌学习更努力，但每次考试同桌成绩都比自己好，太不公平了。

这个时候，妈妈安慰了小夕："没事，说明咱还需要更努力，以后多向同桌学习经验方法。”

但是小夕气呼呼地说了一句：“你什么都不懂！”然后就回房间去了。

妈妈明明已经非常注意沟通方式了，语气、语调都很温和，为什么孩子还会那么生气？

其实这是因为小夕在收到妈妈的回应时，首先感受到的是妈妈对自己的否定和不接纳，她的感受妈妈都没有看到，妈妈只知道让她努力。在小夕心里，学习才是妈妈认为最重要的事情，她的感受根本不重要，所以产生了自己不被重视和接纳的感觉。

时间长了，小夕会慢慢闭口不谈自己的问题，因为即便和妈妈沟通，她的感受也得不到理解，还得听妈妈那么多的唠叨和说教，不如不说。

第三，青春期是孩子形成自我认同的关键时期，他们开始探索自己的独立性和个性，这可能导致他们与家长的观点和价值观产生分歧。作为父母，如果不能理解和支持孩子探索独立性，总想用自己的价值观和要求去控制孩子，就会导致孩子产生抵触，不愿意与家长分享想法和感受。

小华是一名正在经历青春期的中学生，他对音乐有着浓厚的兴趣，并梦想成为一名吉他手。然而，他的父母认为学习音乐不是正业，希望他能够将全部精力放在学业上，以便将来能够考上一所好的大学。

一天，小华兴奋地回家告诉父母，他报名参加了学校的摇滚乐队，并且即将在学校的文化节上表演。他期待着父母的鼓励和支持，父母却皱起了眉头，告诉他这样做会分散学习精力，要求他退出乐队。

小华感到非常失望和沮丧，他试图向父母解释音乐对他来说意味着什么，以及他在乐队中的成长和快乐。但父母固执己见，认为小华是在逃避学习责任，最终导致小华不再愿意与父母分享他在学习和生活中的任何感受。

第四，对青春期孩子来说，同伴关系的重要性开始超过父母。青春期孩子的一个重要课题是在家庭以外的系统中建立一个同一性身份，因此孩子可能更倾向和同学、同伴、同龄人分享感受，而不是家长。

父母唯一的责任就是帮助孩子培养出能够过好自己人生的能力。孩子成长的过程，就是不断地体验和感受、碰撞和思考的过程，终会有一天，他们会甩开父母的手，去独自走他们自己的人生路。在这个过程中，父母做好陪伴和支持，就是最好的爱。当孩子能在每一次的沟通中感到父母的爱、信任、尊重、支持时，他才能相信自己是好的、是值得被爱的、是有价值的。

和大家分享一首我很喜欢的诗歌——纪伯伦的《你的孩子其实不是你的孩子》。

你的孩子其实不是你的孩子

纪伯伦

你的孩子，其实不是你的孩子。

他们是生命对于自身渴望而诞生的孩子。

他们借助你来到这世界，却非因你而来。
他们在你身边，却并不属于你。

你可以给予他们的是你的爱，
却不是你的想法。
因为他们有自己的思想。
你可以庇护的是他们的身体，
却不是他们的灵魂。
因为他们的灵魂属于明天，
属于你做梦也无法达到的明天。
你可以拼尽全力，变得像他们一样，
却不要让他们变得和你一样，
因为生命不会后退，也不在过去停留。

你是弓，孩子是从你那里射出的箭。
弓箭手望着未来之路上的箭靶，
他用尽力气将你拉开，使他的箭射得又快又远。
怀着快乐的心情，在弓箭手的手中弯曲吧，
因为他爱一路飞翔的箭，也爱无比稳定的弓。

孩子是独立的生命，不是我们的附庸，所以我们可以爱他们，但不能把自己的意愿强加给他们。每个孩子都有无限可能的未来，而父母只要做他们背后最稳定的支撑，这就足够了。

2. “会听”比“会说”更重要

亲子沟通中，最大的“敌人”是家长不懂得倾听。因为不懂得倾听，导致很多沟通以争吵结束，没有达到应有的效果，还伤害了彼此的感情，破坏了关系。

很多父母抱怨自己说话孩子常常不听，如果你让他们回顾一下自己平时与孩子的沟通方式就会发现，这些父母往往也很少认真听孩子说话。如果父母经常表现出“你得听我的，但我不用听你的”这样的姿态，久而久之，这个孩子就不愿意说话了，因为他知道，自己说什么父母都不会听。

懂得倾听，是保护孩子沟通意愿的前提。当孩子跟你交流的时候，一定要停下手头的事情和工作，用信任、亲切的眼光平视他，让他感到你在认真听。当你这样做的时候，孩子才会感觉到被尊重，才会愿意跟你继续交谈。

倾听的过程，是一个身心投入的状态，需要用身体、耳朵、眼睛、嘴巴和心灵一起完成。有了足够的倾听，我们才能准确了解孩子的需求、困惑、期望和情感，从而给予他们真正需要的支持和引导。通过倾听，我们不仅收集信息，更建立起与孩子的情感联系，让他们感受到被尊重和理解，这对于他们的成长和发展至关重要。

关于沟通有一本非常经典的书——《非暴力沟通》。这本书的作者马歇尔·卢森堡博士，分享了一个他本人经历的故事，就展示了倾听的效果，让人印象深刻。

有天，马歇尔邀请学员一起去吃冰激凌，有位学员却猛然说："我不去！"

马歇尔听到后，虽然感到气馁，但他没有指责学员不礼貌。他知道学员只是想通过说"不"来表达内心某些感受与需要，于是他进一步深挖，希望倾听学员内心的感受。

"你好像有些生气，是吗？"

"不，我没生气。我只是不想每次一张嘴说话就被你纠正。"

"你担心，我在场的话，有可能会评论你的沟通方式，是吗？"

"没错！我可以想象，和你一起坐在冰激凌店里，你会关注我说的每句话……"

原来如此，马歇尔终于明白这个学员不是不想吃冰激凌，而是担心得不到尊重。

于是，马歇尔向他保证，在公共场合不会评论他的沟通方式，同时，他们还讨论了什么样的反馈能够让他感到安心。最后，他们一起享用了冰激凌。

在这个过程中，马歇尔没有武断、粗暴地评判这位学员，而是用心地倾听。学员在被倾听时，渐渐地表达了内心的感受与需求。最后，双方达成了一次非常愉悦的交流和互动。

在交流中，我们很容易过于主观地、强行地用自己的感受去代替对方的感受，从而无法倾听对方的心声，最终导致彼此不欢而散，甚至怒目以对。所以，马歇尔告诉我们："不论他人用什么样的言辞来表达自己，我们都只是聆听他们的观察、感受、需要和请求。"只有认真倾听，才能够让我们做到这点。

以下是3个关于倾听的小技巧，当我们在沟通中感到不悦和困惑，也许就是让倾听发挥作用的时候了。

● 全身心投入，放下评判

在倾听时要停止判断，不要急于根据自己的价值观和经验去评价对方所说的内容。例如，当孩子抱怨学习上的困难时，我们不要马上想“这是他自己能力不足导致的”，而是以开放的心态去接纳他的话语。我们的话语中哪怕带有一丁点嘲讽，都会让对方感到不自在，变得格外敏感，从而怀疑我们的意图，阻碍彼此的连接。

为了让彼此坦诚相待，我们也要向对方袒露自己的感受和需求，让对方明白，我们唯一的意图只是想要理解对方的感受和需求，并且不带任何评判。

同时，在沟通中我们应做到全身心投入，给予对方充分的关注，这意味着在倾听时应停下我们手中的事务，眼神专注地看着对方，身体也微微前倾，传达出正在认真倾听的信号。

● 体会对方的感受和需求

沟通中，对方的语言往往传递出了很多的感受，只有当我们能集中注意力倾听时，才能敏锐地捕捉到对方话语背后的情绪感受。例如，对方说“我今天忙了一整天，都没有休息”，除了听到事实，我们还能体会到其中可能包含的疲惫、沮丧等感受。

而感受的背后也蕴藏着未被明确说出的需求。比如，当孩子对父母说“我不想上学了”，这并不仅仅是一个简单的抗拒行为，而是一个信号，表明孩子可能在某些方面遇到了难题。比如，他们可能是因为在学校遇到了社交困扰，被同学排斥、欺凌或感到孤独；也可能是因为学习压力大，对某些科目感到力不从心，或者对成绩担忧；还可能是因为不适应学校的教学方式，感到枯燥乏味，缺乏学习的动力。

父母在倾听时，不仅要关注孩子的话语，还要观察他们的非语言行为，如情绪变化、身体语言等，这些都是发现问题的线索。在这个过程中，父母应该避免立即给出解决方案或进行批评，而是先确认孩子的感受，传递父母的关心和关注。父母可以说："我听到你说不想上学，听起来你好像遇到了一些困难，能告诉我是什么让你不想去学校吗？"这样的回应不带批判，能够鼓励孩子敞开心扉。

通过这样的倾听和交流，父母不仅能帮助孩子解决眼前的问题，还能教会他们如何面对挑战和困难，培养他们解决问题的能力。

- **给予确认，表达理解**

要想准确理解对方表达的意思，我们不能仅凭自己的体会进行猜测，而是可以通过一些表达方式来进行确认。例如，"你刚刚说你很生气，是因为对方抢了你的功劳是吗"。

此外还可以用"你感到……因为你……是吗"这种提问句式，来表达你对对方感受和需求的理解，让对方来反馈确认。如果你的理解与对方的感受一致，对方会有很强烈的被尊重和懂得的感觉，更愿意向你敞开心扉，与你深入交流。

例如，当你发现你的孩子看起来有些沮丧时，你可以说："你感到有些沮丧，因为你最近在学习上遇到了一些挑战，是吗？"这样的提问句式不仅表达了你对他当前情绪的察觉，还展示出你对可能原因的猜测，让孩子有机会确认你的理解，并在此基础上继续交流。如果孩子确实是因为学习挑战而感到沮丧，他可能会感到被理解，从而更愿意分享自己的感受和问题。

3．有效沟通的 20 条原则

亲子沟通的意义和目的，是促进父母与子女之间的相互了解，让亲子关系持续保持亲密。每一次沟通，都应以达到这个效果为导向，有效果比有道理更重要。其实有效沟通并不难，可能只是说话方式的转变：少一些“你必需、你不该”，多一些“你要听听我的建议吗”。

“多一些，少一些”的方法，是建立良好的亲子关系中十分重要的方法，它可以帮助父母找到与孩子交流的正确方式。

做一个有趣的比喻：如果父母按照“多一些”的方法做，就像在孩子内心这个银行不断“存款”，存的越多，你们的沟通越顺畅，你们的关系也越好；如果按“少一些”的方法做，就像在孩子内心这个银行里不断“取款”，取的越多，就越会消耗亲子感情，亲子关系就会越来越糟。

（1）少一些长篇大论和说教；多一些简短句子，最好在15字以内。

（2）少一些埋怨，比如，“都是你不好，你本来就不该”；多一些用“我”开始的句子，对自己的行为负责，比如，“每次你发火，我都觉得很担心”。

（3）少一些不清晰、不明确的句子，比如，“乖一点，不要这样”，多一些直接、具体、确切的句子，比如，“我想让你停止说激怒妹妹的话”。

（4）少一些“以偏概全”的询问，比如，“为什么你总是这样，你从来没有听过一次话。”多一些用描述的方式直接说出实情，比如：“听到你这样说，我觉得你没有做到最好。”

（5）少一些聆听时看其他地方、双手抱胸等状态；多一些专注地聆听，眼神放在孩子脸上，身体前倾、点头。

（6）少一些打断孩子说话；多一些让孩子充分表达他的想法，再说出自己的意见。

（7）少一些不确定自己是否真的明白孩子的意思；多一些用自己的话复述孩子的意思。

（8）少一些大声吵叫；多一些用平和、正常的声调与孩子谈话。

（9）少一些频繁讨论主题，或者同时讨论多个主题；多一些讨论完一个主题再讨论下一个主题。

（10）少一些提旧事、算旧账或发出恐吓，比如，“现在不吃，晚上就不准说肚子饿”；多一些集中于此时此刻发生的事情，比如，“你不想吃饭，是不是身体不舒服”。

（11）少一些身体语言和所说的话不相符；多一些身体语言和所说的话一致。

（12）少一些将情绪隐藏在心里或不肯承认内心的情绪；多一些适当表露内心的情绪，使对方感受到自己的诚意。

（13）少一些使人生气的面部表情；多一些和善的面部表情。

（14）少一些片面猜测别人心里的想法，自以为是；多一些真心听取别人的见解，提出问题来确保自己明白别人的意思。

（15）少一些用使人泄气的话进行威胁，比如，“你这个人一点用都没有”“你真让人讨厌”；多一些情商高的用语，比如，“我担心你的成绩，似乎有些事情让你不开心，可否谈一下”。

（16）少一些不理睬对方、不回答对方；多一些真心诚意的对话。

（17）少一些一边说话，一边做其他事；多一些放下手中的事，诚恳地对话。

（18）少一些永不认错；多一些有错时承认错误。

（19）少一些不断教导或训话，不理会别人是否接受；多一些用平等的地位和心态对话，适可而止。

（20）少一些讥讽、嘲笑对方；多一些直接、明确、诚恳地说出自己的意思。

沟通方式没有对与错之分，沟通效果则有好与坏之别。以上20条也不是沟通的万能之法，并不能确保我们每一次的亲子沟通都有效，但只要明确想要的效果，我们总能不断找出更多更好的办法。

附：有效沟通的8点启示。

有效沟通的基础是和谐的气氛。

说话声调一致，沟通产生情感共鸣。

身体语言一致，沟通产生意义共鸣。

为效果而说，不应为了想说、应说而说。

有效沟通增加对方能量，无效沟通减少对方能量。

沟通的效果由对方决定，却是由本人控制。

给予对方选择。

有情绪时不应沟通。

4. 掌握一个核心技巧："先跟后带"

"先跟后带"，是引导孩子跟父母合作最有效的技巧。很多父母反馈孩子"不听话""不交流""叛逆难管教"，其实多数是沟通方式上出了问题。如果能采用"先跟后带"的方式引导，亲子沟通会变得顺畅很多，培养孩子也会变得更轻松。

所谓"先跟后带"，就是说我们与对方沟通的时候，先接受对方的观点或态度（"跟"），让对方感觉到被理解和尊重，然后再带领他从你希望的视角方向看问题，带他走出原本的框架限制，带领他去你想去的地方（"带"）。

NLP 在对沟通做了很深的研究之后，发现所有良好的沟通都建立在"跟"上。只有有效地"跟"，"带"才能够起作用。那么什么是"跟"？如何有效地"跟"呢？

"跟"就是用对方说过的语言和事情来作为你的引导语言的一部分，这样做有以下几点好处。

亲和：你说的话里面有对方说过的内容，会让对方产生和你"同声同气"的感觉，从而更放松，更愿意接受你的引导。

准确：每个人的语言使用习惯不同，当你用对方说过的话来表达时，能最大程度保证沟通的准确性。

省时：不用新的语言，降低了理解的成本，节省了解释这些语言的时间。

有效：语言往往来自一个人的潜意识，把对方说过的话放入一些能引起改变的引导语里，往往能直达对方的意识深处。

“先跟后带”的意思是先附和对方的观点，然后才带领他去你想去的地方，可是附和对方有时并不是很容易，这里有3个可以“跟”的方向。

取同：把焦点放在对方话语中你与他一致的部分。

取异：把焦点放在对方话语中你与他不一致的部分。

全部：先接受对方全部的话。

举个例子，假如孩子跟你说：小明刚刚打了我一拳，我再也不和他做朋友了！

取同（聚焦一致的部分）：“他打了你，当然生气了！你觉得当朋友最重要的是什么？”

取异（聚焦不一致的部分）：“他打了你，你不愿意和他做朋友很正常，他知道你生气了吗？”

全部（先接受对方全部的说话）：“上一次有个朋友打了我，我也不愿意和他做朋友，后来才知道他误会我拿了他的铅笔，你有问他打你的原因吗？”

通过这个例子，大家可以感受到，说话上的“跟”其实就是用简单复述、感性认同等方式，对对方所说的话表示接受。当你成功做到这点，对方就能感觉到被理解和肯定，往往就会回应“是呀”“对呀”这样的话，并且因为我们没有否定对方，这会让对方感觉到有力量和自信，这时我们的“带”就能达到更好的效果。

“先跟后带”的“带”是引导对方找出、看到更多的可能性，“先跟后带”的效果是让对方看到、取得他真正想要的价值。

注意是对方自己想要的，而不是我们自以为是的主观意见。所以在“带”的过程中，我们不替对方决定该怎么办，而是鼓励对方自己找到办法。

例如，你的孩子在学校跟别人打架，原因是他看到好朋友被别人欺负。面对这种情况，有些父母可能不问青红皂白，把孩子训斥一顿，更有甚者教孩子“以其道还治其身”，让孩子更加依靠武力解决问题。面对这种情况，如何用“先跟后带”与孩子进行沟通？我们看下面一位妈妈和孩子的对话。

妈妈：“我听说今天在学校发生了一件不愉快的事情，是吗？”（不直接说打架，因为“打架”是负面词，本身就是在责备。）

孩子：“嗯。”（孩子点点头。）

妈妈：“当你看到自己的好朋友被人欺负，心里一定很不好受吧？”（“跟”，肯定感受。）

孩子：“是啊，太气人了！”

妈妈：“你为了朋友这么去做，说明你是一个讲义气、勇敢的孩子。”（“跟”，肯定行为中值得肯定的部分。）

孩子：“嗯。”

妈妈：“我想现在你已经后悔这么做了，但是我相信当时你已经作出了最佳的选择，对吗？”（“跟”，肯定动机。）

孩子：“嗯，是的。”

妈妈：“那如果以后再发生类似的事情，你有没有其他更好的方法呢？”（“带”，引导对方改变焦点。）

孩子：“我可以和他理论，可以去告诉老师。”

妈妈：“还有吗？”（“带”，鼓励对方看到更多可能性。）

孩子："我可以跟他单挑，扳手腕，看谁更强壮；我还可以和他比踢球，看谁厉害……"

妈妈："你觉得强壮、厉害的人会让人不敢欺负是吗？"（"跟"，肯定对方的观点。）

孩子："嗯，是的。"

妈妈："那除了展现强壮、厉害、有力量，还有哪些方式，能让别人对你更友善？"（"带"，引导改变焦点。）

孩子："我对别人也要友善，不主动欺负别人。"

妈妈："是的，对别人友善很重要。我们学会尊重别人，别人也会尊重我们，对吗？"（"跟"，肯定对方全部观点。）

孩子："是的，我知道了，要学会尊重。"

在这个案例中，孩子的动机是好的，但行为是不可取的。父母肯定了孩子的动机，也就是接纳了孩子这个人（行为不恰当，并不代表人品有问题），孩子才愿意与父母继续沟通，才会有下面更深层次的交流。在引导的过程中，父母也没有直接给孩子灌输正确做法，说"你不该怎样""你应该怎样"之类的话，全程都是在引导孩子说出自己的想法，找到更好的方式，让孩子自己建立更有效的认知。这样孩子不但能更有自信和力量感，也会对父母有更多的爱和信任。

5. 身份定位，决定沟通效果

身份定位对沟通效果有着重要的影响。在沟通的时候，你的内心认定对方的身份是什么，决定了你对他的态度和语言行为模式，也影响着沟通最终的效果。所以，最简单的改善沟通效果的技巧，就是改变身份定位。

例如，你准备去接待一个投诉的顾客，你把他的身份定为“给我麻烦的人”还是“最能帮助我们有效提升的人”？哪种定位更有利于你们的沟通？

你准备去跟自己的配偶或孩子讨论一些不愉快事情的时候，你把对方的身份定为“总不谅解我的人”还是“证明我是多么好的妻子/妈妈的人”，哪种定位更有利于你们的沟通？

有个比喻很形象地说明了身份定位在沟通中的效果：当你认为自己是一把锤子，那么你看任何事物都像钉子。觉得跟孩子沟通困难的家长不妨想一想，你平时在跟孩子沟通的时候，心里是怎么看自己、看对方的呢？是不是一开始就将对方定为一个“不好惹”“找麻烦”的角色？

如果你想要沟通达到良好的效果，那就请在开始谈话前，先给自己一点点时间，对这次沟通的对象做一个有效的身份定位。另外，在沟通中，如果我们能站在对方的视角看对方，或许能发现对方一些没有说出口的感受和需求，从而帮助我们改变“感知模式”，这样下次对话时我们就会有不同的态度和表现，有助于改善双方的关系。

扫码跟练“感知位置平衡法”

在中国父母身上，我们常常容易见到这几类关于身份的“误区”。

第一，施恩者。恩是本来没有权利得到但得到的东西。父母给了孩子生命，孩子感恩父母是合乎道德良知的，但是如果父母以“施恩者”自居，总认为孩子因此就欠自己的，就是一种很刻板的思想。经常听到有父母对孩子说：“你不好好学习，对得起我们生你养你吗？”这就让亲子关系陷入尊卑对立的僵局，除了不断强化孩子的羞愧心理，没有任何好处。

父母应该是感恩者，因为孩子的到来，才让我们有机会以另一种身份和视角体验人生，获得生命成长，感受更多的喜悦。用这种态度去面对，会让我们收获更多的幸福与感动。

第二，教育者。人们通常认为，家长的职责就是教导孩子，教导惯常的做法不外乎讲道理、给建议、下命令和纠正行为。不幸的是，这种居高临下的家长姿态造就了挫败的家长、恼怒的孩子及无处不在的冲突。家长必须承认，教育孩子并不是我们所擅长的，家长正确的身份应该是陪伴者，陪伴孩子成长。

不知道大家有没有算过，我们和孩子密切相处的时间到底有多长？从孩子出生到他们高中毕业，我们最多能和他们朝夕相处18年。高中毕业之后，孩子一定会离开你，开始新的人生旅程。在这宝贵的200多个月里，你如果能开开心心地陪伴他们，让他们充分享受到父爱母爱的滋养，他们就能顺顺利利地进入下一个人生阶段。而这份爱和陪伴，是他们在任何别的地方都无法找到替代和弥补的，这一点不值得我们珍惜吗？

第三，管理者。以“管理者”身份自居的家长，总想操控孩子的人生。在他们的内心，孩子是没有足够的力量和能力照顾好自己的，所以才需要家长事事管控。在这种环境中长大的孩子，因为没有机会成长，只能在父母的控制下不断地丧失做自己的勇气。

有位“80后”女生说：“我妈就是这样死死管了我30年，我感觉自己从来没有真正活过，我一直是她的一个提线木偶。”听上去真让人感到难过！

最好的家长，应该是孩子的“最好的朋友”，以孩子为中心，鼓励孩子学会克服困难，帮助孩子找到自己的特长和才能，从而完成自己的人生使命，成为最好的自己。

还记得我们前面说的，和孩子做朋友，成为和他一伙儿的人吗？朋友意味着平等和尊重，不会据恩图报，不会居高临下，也不会指责操控。朋友更多的是陪伴和支持，分享与合作。当我们能带着这种身份去和孩子沟通，那么很多矛盾冲突都会化解。各位聪明的家长，不妨试试看，现在就以孩子“最好的朋友”的身份，跟他展开一次对话吧，看看会有什么不同？

第六章

如何应对孩子沉迷手机

1. 成瘾的真相：多巴胺奖励

我处理过很多亲子关系的个案，事情的起因往往都是因为手机。家长反馈孩子整天沉迷手机不能自拔：让孩子写作业，他拿着手机对你爱答不理；让孩子去睡觉，他捧着手机走向卧室；吃饭玩手机，上厕所玩手机，甚至洗澡的时候都带着手机……当家长忍不住夺走孩子的手机时，亲子大战一触即发。

很多家长不明白，孩子为什么对手机如此痴迷？孩子对电子产品上瘾的真相是什么？这要从“上瘾”的机制说起。

20世纪50年代，科学家做了一个科学实验。他们先在小白鼠脑部负责产生多巴胺的区域植入了一对电极，然后在小白鼠的笼子里放置一根杠杆。小白鼠只要碰到杠杆，就会刺激到脑中的电极产生多巴胺。我们都知道多巴胺是大脑分泌的一种神经化学物质，能够带来愉悦感。

然后，令人咋舌的一幕出现了。小白鼠开始疯狂地撞击杠杆，一天要撞7000多次。由此科学家得出结论：动物会专注于刺激大脑释放多巴胺的行为。大脑会自然记住哪些行为给我们带来了愉悦感，然后渴望更多。“成瘾”这件事，就是这么来的。

对快乐的追求是人脑奖赏回路的一部分，是我们人类的本能。孩子在各种游戏、视频平台上得到了快乐，刺激了多巴胺的分泌。久而久之，他们对电子产品就开始欲罢不能。同时，青少年的大脑尚未发育成熟，他们更渴望奖励。

各大互联网公司正是抓住了这一点，不断创造出各种产品，满足人们渴望快乐和奖赏的需求。正如有句话描述的那样：我们的孩子要对抗的不是一块手机屏幕，而是每个产品后面一个完整而庞大的工作团队。他们的工作目标就是要让每一个用户对自己公司的产品上瘾，瓦解人们的意志力。

所以对抗孩子的手机瘾，父母要对抗的不仅是孩子的生物本能，更是在和无数庞大的团队对抗，想想你一个人的力量又能有多强大呢？当然这句话并不是说我们就要放任孩子沉迷手机，而是不要将其视为洪水猛兽。与其对抗，不如利用。

正如李中莹老师所说，任何事情的发生都是来帮助我们成长和学习的，失败+学习=成功之母。如果用好了孩子沉迷手机的契机，也许能变成孩子弯道超车的机会。

2. 沉迷的背后，是未被满足的需求

《第5次全国未成年人互联网使用情况调查报告》显示，我国未成年人网民规模达到1.93亿，其中手机使用的比例高达91.3%。很多时候家长也不是不能理解孩子玩手机，只不过当孩子拿起手机，一玩就是几个小时，每天睡觉睡不好，上课精神不足，学习成绩直线下降，宁愿玩手机也不跟父母沟通的时候，没有几个家长能做到心平气和。

为此家长和孩子之间肯定爆发过无数次争吵，孩子在某些时候也可能会保证不再玩手机，但结果可想而知，一定是屡屡失败。为什么孩子会屡教不改，孩子沉迷手机背后的心理需求又是什么？

其实沉迷的背后，是未被满足的心理需求。孩子沉迷的不是手机，而是手机带来的价值感、连接感和掌控感。

- **寻求价值感**

心理学家阿尔弗雷德·阿德勒说，追求卓越是人类的天性，人类自出生起就有学习和追求卓越的愿望。当这种天性没有得到满足的时候，人们就会寻找心理补偿。沉迷手机的孩子，最深层次的原因一定是在学习和生活中没有找到自己的价值感，缺少来自外界的认可和肯定。

孩子在现实生活中可能会遇到困难，产生低价值感，却能够轻易地在游戏、社交媒体中获得满足。例如，通过游戏完成任务

获得奖励和荣誉，可以让孩子感到自己有能力；通过在社交媒体发表言论、展示自己，可以得到他人的关注和“点赞”，让孩子产生自我价值感。手机提供了一个容易上手和即时反馈的平台，这对于寻求自我价值感的孩子来说具有很大的吸引力，所以孩子迷恋手机，一点都不让人意外。

● 获得连接感

当一个孩子在现实世界的人际关系中得不到有效的连接，就会到游戏世界去寻求关系。《中美日韩网络时代亲子关系的对比研究报告》显示，我国父母跟孩子的交流频率最低，交流的首要话题是学习，他们听孩子倾诉烦恼的时间最少，近半数父母有一边玩手机、一边跟孩子讲话的情形。在孩子需要陪伴的时候，父母总是视而不见，只顾自己沉迷手机，这本身就给孩子做出了不良的示范。有些家长为了省事，在面对孩子寻求沟通和陪伴时，干脆直接给孩子一部手机，殊不知孩子与父母之间、与现实世界之间的情感链接也慢慢断开了。

除了缺少家庭连接，沉迷手机的孩子往往在其他人际关系方面也存在不足。他们往往缺少朋友，很难融入集体，有较强的孤独感。孤独感并不是成人的“特权”，据调查，感到孤独、认为自己融入不了集体和人群的大中小学生不在少数。人格心理学创始人卡尔·荣格说，孤独并不是来自身边无人，而是来自无法与人交流最紧要的感受。当孩子既无人可分享内心，也得不到家人的陪伴和支持的时候，孩子只能在手机中寻求连接和共鸣。

● 获得掌控感

现在的孩子都面临着很大的学习压力。当孩子在学习中受挫的时候，会产生自责、愧疚、敏感、疑虑等负面情绪。产生焦虑的人，一般对现实都有深深的无力感。孩子心智不成熟，手机又那么有趣，在玩手机的时候，孩子的身心得到了暂时的放松。学习的困难他们无力解决和面对，而手机是轻松和更容易掌控的。心理学家曾奇峰曾说，孩子被“逼进”了游戏的世界，因为现实世界他无法操控，也无法获得快乐和成就感。在现实世界里，他只是一个空有躯壳的傀儡；而在游戏世界里，他是自己和世界的主人。

其实不仅仅孩子是这样，成年人也是如此。当我们在工作中面临压力时，我们是不是也会经常用手机刷短视频、看直播、购物来缓解自己的压力和焦虑，给自己一点轻松的时刻？当身边的人不能理解我们或者让我们产生想要沟通的欲望，我们是不是也会沉浸于欣赏网络上的偶像？当我们明白了这些，就能知道，孩子和我们一样，也有类似的心理需求。沉迷手机只是他们遇到了一些困境，这时候作为父母的我们要更加关注他们的需求，而不是只看到问题表象，忽略了孩子在问题背后的“呐喊”。

我们要明白，当孩子能够完成自我认同、拥有追求卓越的勇气和信心，获得对自己人生的掌控感的时候，孩子会主动放下手机，去追求更有价值的东西。当有人或事物能够代替手机来帮助孩子消化这些问题，并且孩子能从中获得自己需要的东西的时候，就是孩子沉迷手机问题得以解决的时候。

3. 家长的负向认知，导致情绪升级

从家长的角度来看，为什么孩子沉迷手机，我们会有那么大的反应？这是一个情绪问题。

很多时候我们在面对孩子的问题时，由于自身的情绪状态不稳定，很容易把问题放大，让自己感到焦虑，甚至情绪激动，从而采取简单粗暴的方式来处理问题。

比如，当你晚上身心疲惫地回到家，发现12岁的孩子正在玩手机，作业一点都没做。焦虑、担心、无奈、无助等情绪一下子把你包围。当下的你可能就没有办法顾及孩子的感受，随口就对孩子说："你怎么还没有做作业，这么大个人还这么不负责任，难道你不明白学习的重要性吗？你就是这么浪费时间的吗？"这样的沟通方式让孩子感到委屈和受伤，很容易就引发了对抗性的争执，是不是这样？

那么情绪的背后，又是什么呢？是什么决定了我们的情绪是正面、积极的，还是负面消极的呢？是我们的信念系统。

信念系统即BVR，由信念（Beliefs）、价值观（Values）和规条（Rules）三部分构成。决定我们情绪的，并不是外在的人事物，而是我们的信念系统（BVR）。

信念：指我们对事物的一套主观判断逻辑，是"我"认为事情应该是怎样或者不应该是怎样的。

价值观：指那件事对"我"多重要，"我"能拿到什么，做那件事能带给"我"什么。价值观是我们做或者不做某事的

行为动力。

规条：就是指我们内在的一套做事标准。每个人的规条，都是为了自己的信念和价值观服务的。

每个人都有一套自己的BVR，你的BVR决定你对事物的看法、感受和反应。每个人的BVR都不同，所以即便是同样的事情，也会产生不同的看法和反应，冲突往往因此产生。

如玩手机，妈妈认为这是浪费时间、不务正业的表现，而在孩子和老公眼里，这只是一种放松压力的方式。产生的不同情绪反应就是你看到孩子和老公玩手机就会火冒三丈，而孩子和老公认为这很正常，是合理的放松娱乐，会感觉到开心和满足。

如写作业，你认为孩子应该先写作业再玩，这样能玩得尽兴；而孩子认为先玩才有好心情来写作业。两种不同的看法，就导致家长和孩子之间矛盾冲突的产生。

BVR没有对错，我们每个人的BVR都是在自己过往成长经历中点滴积累形成的，在当时的环境和条件下都是对我们有利的，曾经支持我们的成长。但随着我们的成长和改变，BVR可能会失效，就像我们长大了，小时候的衣服不再适合我们了。如果对某个事情的BVR总是给我们带来情绪困扰，那么改变相应的BVR，情绪自然就会改变。从这个意义来看，我们每个人都能做自己情绪的主人。

那么回到孩子玩手机的问题，在对孩子玩手机这件事上，你背后的信念是什么？这种认知会把你带向什么情绪？如果想要改变，你会转化成怎样的信念？这种新的信念，又会给你带来怎样的情绪？

我们举个例子。

信念A：玩手机就是不爱学习的表现。不爱学习，考不上理想的大学，孩子的未来就毁了……

有没有发现，我们的信念往往是层层叠加的、一环套一环，让我们钻进去就出不来，只能一步步跟着走。这样的信念一定导向焦虑、愤怒、失望的情绪。

信念B：孩子玩手机是他用自己的能力在满足自己的需求，能把手机玩得很溜也是一种能力，会玩复杂的游戏代表他的学习能力很强，只要能应用到课业学习上，一定能取得好成绩……

当你怀有信念B时，看到孩子玩手机，你还会那么怒气冲冲吗？起码语气态度都会柔和许多："玩会就玩会吧，注意时间。"当我们能控制住自己的情绪，让自己以一个稳定积极的心态来面对孩子玩手机的问题，至少可以让事情不走向恶化的方向，更不会因此而伤害到亲子关系。

在孩子玩手机这个问题上，我们其实明白，完全禁止孩子不接触手机是做不到的，也是没有必要的。在现在这个信息化和智能化的时代，手机已经不仅仅是一个用来打电话发短信的工具，而是通向海量信息的入口。手机作为工具本身没有好坏之分，关键看使用的人怎么用。如果我们培养孩子使用手机的能力，那么手机也可以成为帮助孩子学习的一个十分有效的工具。

4. 解决的三大方向

前面我们谈到，孩子沉迷手机的现象背后，其实传达出孩子未被满足的三大需求——连接感、掌控感和价值感。当我们能从合理满足这三大需求出发去帮助孩子，就能帮他们走出“迷潭”，重回正轨。

- **第一步，重建连接**

当父母因为孩子沉迷手机和孩子发生争吵时，亲子关系会因此受损。亲子关系出现问题，父母的很多引导都会失效，甚至起到反作用，越管越错。所以解决问题的第一步，是重新与孩子建立连接。

很多父母之所以因为手机和孩子争吵，是因为先入为主地把手机对孩子的影响“妖魔化”，这背后本身就隐含着父母对孩子的不信任，担心孩子不能很好地选择什么是对他们真正有利的事情。以孩子玩游戏为例，很多父母甚至不了解孩子玩什么手机游戏，就开始拼命反对，因为在他们眼中，手机游戏都是影响学习的。“不了解就没有发言权”，只有真正了解和体验了，我们才有和孩子沟通的立场。

复旦大学钱文忠教授曾经谈到他儿子沉迷游戏的一段往事。他的儿子青春期时，也曾经沉迷游戏，一度达到了废寝忘食、无法自拔的地步，成绩也受到了影响。可他并没有像大多数父母那样拔网线、砸电脑、打骂孩子，而是先稳住自己的情绪，站在孩子的角度换位思考，去了解游戏。

钱教授到处查资料，询问朋友，最终为儿子挑选了一款历史题材的游戏，后来，儿子在玩游戏时经常和他探讨历史话题。就这样，儿子并没有因为沉迷游戏而与父亲反目成仇，反而在父亲的正面引导下对历史产生了兴趣。

孩子沉迷手机不是问题，正是这件事让父母有机会审视自己和孩子之间的关系到底怎么了。当你能真正做到跟孩子一伙，成为孩子的朋友，那么手机也好，游戏也好，都不会成为你们之间关系的阻碍，反而为你们增加了更多可以连接的机会和话题。

一位网友曾在网上分享“有一个陪自己打游戏的爸爸是种什么体验”，令人深受感动。

读小学时，这位网友迷上了电子游戏，每天放学把书包一扔，就开始打游戏，成绩也一落千丈。爸爸很着急，打过、骂过、吵过，都无济于事。

后来，父亲改变了做法，和他约定好，每天晚上会和他一起玩一个小时的游戏。

最初，他很惊讶：“这怎么可能？他会打游戏？”但父亲真的搬来凳子坐在他旁边，认真地打起了游戏。

那一刻，他简直惊掉了下巴：“没想到，平日里少言寡语的父亲竟然是个游戏高手。”

一小时后，父亲起身关上了电脑，他则乖乖地掏出书本，开始写作业。

他不知道的是，父亲玩游戏的高超水平，是通过了多少个深夜苦学换来的。

如今，已经长大成人的他很感慨地说："满满一盒子的游戏卡带就是我所有的快乐来源。感谢父亲，给了我一个这么美好的童年。"

当然，我在这里并不是提倡各位父母用手机和游戏来与孩子建立连接，如果之前就建立好了足够健康积极的连接，孩子也就不会走向手机。所以父母一定要多花时间与孩子建立连接，找机会陪孩子一起做他喜欢的事情，或者邀请孩子陪你做一些有益身心的事情，如爬山、运动、阅读等，都是很好的方式，还可以一起去旅行、做志愿者，见人见世界，帮助孩子打开视野。前面提过的"黄金时间"，就是很好的修复亲子关系的技巧，找时间去设计几次做出来，亲子关系就能得到缓和。

除了增加连接、建立良好的亲子关系，打造和谐的家庭氛围也是十分重要的。家是心灵的港湾，也是培育亲子关系的土壤，只有土壤肥沃，种子才能健康成长。如果家庭中长期弥漫着一种冷漠、分裂、争吵不断的氛围，要想孩子不沉迷手机可能也很难做到，因为这正是孩子逃避现实的方式。

• 第二步，重启动力

孩子沉迷手机，一定是在现实世界遇到了困难，如学习方面的压力和焦虑。当他的自信不足，他就失去了动力，转向去游戏中寻找放松和满足感。想让孩子恢复面对困难的勇气，我们需要帮助他们增加自信。

在孩子沉迷游戏这件事上，很常见的现象是家长不断以此来打击孩子，认为孩子是一个“逃避学习”“没有上进心”的人，这种指责不仅不会激发孩子想要变好的动力，反而会让孩子不断强化对自我的负向认知，甚至直接“摆烂”。

我们前面谈到过增加孩子自信很重要的一点是要多肯定孩子，能力经过肯定才能转化为自信。因此在如何帮助孩子增加自信方面，李中莹老师提出过非常简洁有力的一个链条：鼓励孩子多做→多做到→多因做到而得到肯定。

在玩手机这件事上，约定规则是帮助孩子提高掌控感、增加自信的一个很好的方式。如果没有规则，仅凭父母的情绪状态来决定，那就会陷入混乱。有些父母自己也有“重度手机依赖症”，那就可以跟孩子共同约定规则，以竞赛的方式把履约变成一件轻松好玩有奖励的事，减轻孩子的心理负担。

（1）约定时间。限定每次观看手机屏幕的时间、每天观看手机屏幕的总时间。要根据孩子的年龄和意愿来商议，最好不要一刀切。这背后的心理机制就是让孩子有选择权和掌控感。如果孩子能够遵守规则按时放下手机，父母一定要及时给予肯定。

比如，今天孩子比往常少玩了10分钟游戏，主动在饭点出来吃饭，家长可以这样说：“孩子，妈妈都没有叫你，你就主动放下手机出来吃饭，妈妈看到了你的自制力，真为你感到高兴！”这样的肯定，无疑会给孩子带来信心和动力。

（2）约定场景。明确哪些情况不允许使用手机，比如，在家里设几个“无电子设备区”，吃饭时不能看手机，卧室里不能玩手机，外出参与社交活动时也尽量避免使用手机。当孩子能做到在这些场景中不碰手机，家长就可以及时肯定孩子。

很多家长会说：“定了规则孩子做不到，定了等于白定！”首先我们要理解，孩子并非故意和我们对抗，孩子天生希望得到父母肯定，并且也有自发向上的动力。之所以做不到，背后一定有某些原因。所谓接纳的心态，就是接受孩子的成长本来就不是一帆风顺的，允许他有进步也会有退步，始终把每件事当作一次成长的契机。

其次，我们可以从两点入手去引导改变。

第一，重新审视规则是否合理。

以玩游戏为例，很多家长因为不了解孩子玩的游戏规则，强制规定孩子单次玩游戏的时间，就容易产生分歧。比如，家长规定孩子每次只能玩10分钟，可是孩子玩的游戏一局打完要15分钟，规定时间到了，孩子的游戏还没结束，如果提前退出，孩子也许会失去奖励、被队友指责等，这些是孩子非常在乎的事情。

之前樊登读书创始人樊登也曾遇到过类似的情况，他的办法是将控制孩子单次游戏时间改为控制总时长，从规定孩子每天只能玩15分钟，改为一周可以玩2个小时，具体由孩子自由安排。如果今天多玩了一会，那么后面几天就要减少时间或者减少次数。这样不仅达到了控制时间的目的，也培养了孩子时间管理的能力，一举两得。

很多手机都有“屏幕时间管理”这个功能，可以统计和呈现一段时间里每天使用手机的时间，以及具体使用了哪些应用。家长可以引导孩子学会利用这个功能作为自查工具，这也避免了人为计时不准确可能带来的争吵。

此外，如果孩子沉迷手机的情况已经比较严重，想要孩子短期内改变是很难实现的，我们要允许孩子在一个较长的时间里循序渐进、慢慢改变，如以前每天要玩3个小时，过渡到每天2小时，再到1小时、半小时，直至达到健康合理的时间。

第二，重新引导孩子如何更好地做到。

孩子之所以约定了做不到，是因为使用的自我监督管理方法无效，如果找到更有效的办法，就有可能做到。家长可以肯定孩子向上的动力，用“先跟后带”的方法，引导孩子自己找出更有效的办法。当孩子用自己的办法做出效果，那种成就感和掌控感将是巨大的。

有一位上过我们亲子课程的学员，分享过她引导自己沉迷手机的孩子走出来的故事，相信会给各位家长一些启发。

那时候她的孩子上高二，马上就要面临毕业会考了，孩子其实也很有好好学习的动力，但定好的计划总是不能执行，因为他只要一拿到手机就控制不住自己，然后熬夜玩到很晚，影响了睡眠，第二天上课的效果就大打折扣了。

这个妈妈也没有生气，而是跟孩子说：“你昨天能跟我约定玩到11点就睡觉，说明你真的想认真学习了，但是做到需要方法，昨天我也没有陪你一起讨论具体的方法，导致你没有做到，这也有我的一份责任。那么今天我们一起来想想，有哪些办法能帮助你做到在11点前就放下手机去睡觉呢？”这时候孩子感受到的是妈妈的信任和支持，加上自己也有动力去改变，所以就很认真地思考办法。

孩子想了3个办法，妈妈都没有否定，而是鼓励孩子去尝试，第二天一起总结复盘，有效的方法就保留，如果方法都无效就想出3个新方法替换，再继续尝试、复盘。

连续3天，孩子都还是没有做到11点前放下手机，但是一直在尝试。到了第4天，孩子突然找到了有效的方法，结果那天就真的做到了。接下来的一段时间孩子都能做到按时睡觉、准时起床了，效果非常好。其实过程中妈妈并没有很强势地给孩子指令，而是一直鼓励孩子自己想办法、自己尝试总结。

教育孩子，慢就是快。这个妈妈就是没有刻意地去追求快的效果，而是把焦点落在培养孩子的思维能力和自律，当孩子遇到问题能自己想办法解决、自己达成约定实现自律，这样的孩子，还愁不能走出手机沉迷吗？

● 第三步，重塑自我

孩子沉迷于手机，也可能是因为他们在寻求一种自我价值感的确认。手机成了他们试图重建和提升自我价值感的工具。如果父母能够转换视角，洞察孩子在手机使用中真正能够获得自我价值提升的方面，或许会惊喜地发现孩子潜在的天赋和特长。

14岁的小鹏因为需要上网课学习而得到了一部手机，但很快他就迷上了网络游戏。他的父亲李先生对此非常苦恼，因为小鹏每天都会花很多时间在游戏上。

然而，在观察和了解之后，李先生注意到小鹏在游戏中的表现非常出色。他不仅游戏技巧高超，而且能够迅速掌握游戏策略，与其他玩家建立良好的团队合作。李先生开始意识到，小鹏在逻辑思维、策略规划和团队合作方面可能具有特殊的天赋。

为了进一步培养小鹏的这些能力，李先生决定采取不同的方法。他首先与小鹏进行了深入的沟通，了解了小鹏对游戏的兴趣和他在游戏中的感受。随后，李先生鼓励小鹏参加一些线下的机器人编程小组活动和竞赛，这些活动能够将小鹏在游戏中的技能转化为现实世界中的实际应用。

通过这些活动，小鹏不仅提高了自己的技术水平，还结识了许多志同道合的朋友。他慢慢走出了对游戏的依赖，把更多精力投入到机器人编程学习。最终，小鹏在机器人编程方面取得了优异的成绩，并成功当选了机器人编程比赛校队的领队。

孩子沉迷手机本身不是问题，即便是沉迷刷剧、短视频，或者游戏，只要父母保持平和的心态，不将手机妖魔化，我们都能引导孩子看到其中更多的正面意义和价值。例如，我们可以试着跟孩子交流：

你觉得这个游戏最刺激的点是什么？

你最喜欢哪个角色？

这个角色的哪些特质吸引了你？

你在游戏里看到了什么？

你有什么感受？

你觉得游戏哪里设计得最好？

要是你自己设计，你会在哪里做得更高级？

…………

当孩子能从中获得积极的意义和价值，对自己就会有更加客观的认知，明白凡事皆可为我所用，也就有了更大的动力去追求自我成长。

其实能够让孩子产生兴趣，本身就是一件很宝贵的事。现在的孩子拥有的太多，已经很难对什么东西产生兴趣了。当他们用行动去满足自己这份好奇和探索欲的时候，父母要予以肯定和保护。如果父母能肯定他们的这种动力，再加上积极引导，给孩子建立一个更有价值的自我形象，孩子就有了更大的目标。而这个目标，或许就是孩子未来人生成功的明灯。

沉迷手机的孩子，内心往往处于一个困境当中，当他的内心一直沉浸在这个困境里面，头脑里就没有未来。他只知道追寻当下的满足，说不出自己想要什么。这时父母可以借助NLP的技巧“未来成功景象制造法”，引导孩子去规划一个更美好的未来。

家长可以适当引导孩子制订一个目标，以此为基础创造一个未来景象。可以让孩子想象一下，如果不再沉迷于手机，三年之后，自己会成为一个什么样的人？五年、十年之后呢？

尽量让孩子自己创造他的未来景象。在孩子描述未来成功的景象时，要让孩子尽量细化对“成功”的想象，例如，你看到了什么，还有些什么人，你们在一起做什么事等。最重要的一点是孩子本人必须出现在这个画面里。

当这幅画面在孩子的脑海中形成时，父母就需要引导孩子，将那幅画面放在脑海中能够帮助他记住的位置。在这一步中，父母引导的话语如下。

把那幅画面推向右上方（常用左手的孩子，需要改为左上方），就像时钟上1：00的位置。

校正那幅画面的颜色，让它变成彩色的、鲜明的、光亮的。

把那幅画面拉近一点，直到你的心里产生一种良好的感觉为止。

做两三个深呼吸，想象每次吸气，那幅画面都会在你内心凝固。

到这里，试着和孩子闲谈几句，然后测试一下孩子：大力吸气，看多久之后那幅未来成功的画面会浮现出来。进行数次这样的练习，教导孩子每次需要获得达到目标的动力，都可以凭大力吸气取得。

扫码跟练“未来成功景象法”

第七章

如何让孩子爱上学习

1. 厌学的孩子，“四无”的青少年

一谈到孩子的学习，家长就充满焦虑。越来越多家长跟我抱怨，孩子不爱学习，不知道该怎么办。“丧”“躺平”“摆烂”，大家有没有听过这些词？令我感到特别惊讶的是，现在这种在青少年群体中流行的“丧”文化越来越低龄化，很多很小的孩子都会说“没意思，特别没意思，我不知道学习为了什么”“我不行”“人生有什么意义”……

我曾经做过一个重点中学厌学的青少年辅导个案。那个孩子其实非常优秀，社交、表达能力都很好，我很喜欢，可是这样一个孩子，当时就跟我聊，她说：“阿姨，我不知道为什么要学习。因为我的学习问题，我妈妈爸爸也不快乐。我觉得我的人生也不会快乐的。”

这个孩子并非因为学习差厌学，相反，她之前是非常优秀的，是大多数家长眼中的尖子生。正因如此，她的父母对她有着很高的期望，希望她冲刺重点班、上名校。这给了孩子很大的心理压力。后来孩子就出现了强烈的厌学情绪，经常在家里大喊大叫、生气摔东西，也不跟爸爸妈妈交流，说什么都不听。当时爸爸都差点要把她送精神病院去了，被我制止了。

因为一直得不到父母的理解，这个孩子后来发展到什么程度呢？她跟她妈妈说：“妈妈，你让我安乐死吧！”真的非常让人痛心。

我给她做了一年的陪伴和疏导，逐渐帮她调整，很幸运的是她走出来了，现在这个孩子在另外一所重点中学学习，综合素质非常优秀。

你会发现，相当一部分青少年呈现出的状态概括起来就是“四无”：无目标，无动力，无兴趣，无感受。这个“四无”的状态，真的很让人痛心。

现在的家长想尽办法找资源：给孩子找最好的培训班、最好的名师，然后争取把孩子送进最好的学校，为此不惜花费整个家庭一半以上的收入。有的家长甚至放弃自己的事业，全力陪读。有些孩子甚至有两代家人一起陪读。疯狂吗？可以说内卷无极限。

但是孩子呢？在父母这种高强度付出之下，是不是真的一飞冲天了呢？当然有一些成功被父母托举出来的孩子，但我看到更多的是“四无”状态、厌学休学的孩子。

一项覆盖了全国30多个大中城市的500所学校和3万名学生的调查显示，在过去的20年间，我国中小学生的厌学率已升至73.3%。其中经济较发达的城市如北京、上海、杭州等地的厌学率最高，接近甚至超过了80%。

2023年10月，北京四中原校长刘长铭在一次青少年心理安全论坛上的演讲中也指出：“我们的教育今天遇到的最大挑战是什么？是学生厌学，是学生不想上学。”

2023年，网上还有一篇刷屏的文章，大意是说北京某区刚开学不久就有2000多名中小学生排队休学。很多人不信，觉得夸张，有了解内情的朋友告诉我，真实情况可能比这个更严重。这些厌学的孩子并非真正“生病”了，而是遇到了心理障碍。

再来看一组青少年儿童心理健康状况方面的数据。因为做巴拉加项目研发，我们的团队做了很多儿童心理相关的数据调研，当最后看到数据结果的时候，我们真的很痛心。

《2023年度中国精神心理健康》蓝皮书显示，中小学生心理健康问题越来越突出，呈低龄化趋势。孩子手机依赖成瘾的占总数的33.4%，感到孤独的占总数的40%。

国家统计局的数据显示，我国每年自杀死亡人数高达28.7万人。除了自杀成功者，每年还有约250万自杀未遂者。其中学生的占比在逐年升高，每年自杀超过10万人。

目前我国患抑郁症人数9500万人。《2022年国民抑郁症蓝皮书》调查数据显示，18岁以下孩子的抑郁症患者占总数的30.28%，按比例超过2870万人。

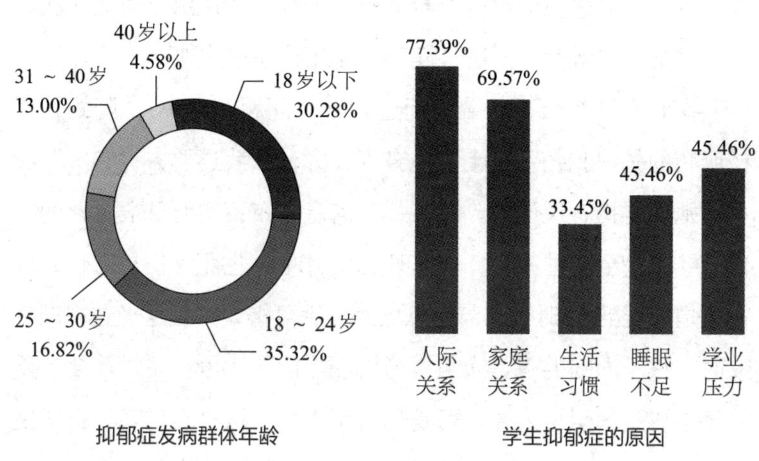

抑郁症发病群体年龄

学生抑郁症的原因

我们的青少年心理健康问题呈现出低龄化、多元化、复杂化趋势。我们说青少年就像是初升的太阳，本该有朝气蓬勃的状态，可是为什么会变成今天这个样子呢？看看我们自己小时候，包括我们的父辈祖辈，他们年轻的时候，那个时代虽然物质贫乏，但每个青少年的心理状态，跟今天相比是有天壤之别的。

为什么现在越来越多的孩子出现一种“四无”状态？为什么在一个物质生活这么丰富的时代，孩子会呈现出这么多的心理问题？我想这和家庭、整个社会都有密不可分的关系。

首先来说说大环境——**教育体制**。教育体制是每个国家极为重要的事，与社会整体发展息息相关。当我们谈这一点的时候并不是要抱怨它，而是要去看到它有可能带来的弊端是什么，以及在这样的现状下我们可以为孩子做点什么。

大家也知道，我们现在的教育模式，仍旧是几百年前工业时代的传统教育模式。那个时候因为社会生产力不发达，需要培养大量的有基础知识和能力的人参与社会劳动，而集体教育是最高效的方式，可以快速培养符合需求的人才。所以那个时代，教育的口号是“知识就是力量”。可是现在依然是这样吗？

我们小区有个孩子曾经问过我一个问题，她说：“阿姨，现在所有的知识我在手机上都能查到，为什么我还要去背它？”我觉得她问得挺有道理的。过去那个信息分布不均而且很匮乏的时代已经完完全全过去了，早些时候我们说21世纪是信息时代，现在更是发展到AI时代。当信息已经唾手可得，并且越来越精准有效时，孩子面临的将是人与智能机器之间的竞争。届时社会需要的将不再是知识型人才，而是创造型人才。孩子们只有具备了独特的创造力、想象力，才能在未来的社会竞争中保持优势。

很显然，我们现在面临的是一个相对“过时”的教育体制，这会导致什么样的结果呢？我们的孩子花费了十几年宝贵的时光，学习了一堆跟不上社会需要的知识，毕业后发现整个社会在高速运转，但我们的孩子无能为力。我们经常说孩子的创造力不行，事实上并不是孩子没有创造力，而是孩子的创造力在这种只重知识不重能力的教育体制下被磨灭了。

第二个事实，就是**读书的意义正在被解构**。过去我们很多家长坚持给孩子灌输一套理念，就是“只有读书才能出人头地，改变命运，找到好工作，挣大钱，过上体面的生活”。事实上我们真的要意识到，读书或者说学历改变命运的时代其实已经过去了。网络上有一项特别“扎心”的数据：在北京，7%的快递员拥有硕士文凭，13%的快递员拥有本科文凭。

以前我们或许会对孩子开玩笑说“不好好读书只能去送外卖”，可是孩子将来可能会发现，读了书也只能去送外卖。面对这样的现实，孩子怎么还有好好读书学习的动力呢？所以你会发现现在的很多孩子都有一个梦想，就是去“当网红”，因为根本不需要什么学历背景，看起来也很轻松，而且收入不菲，很多网红主播一个月的收入抵得上普通白领奋斗一年。

教育的主要目标之一就是培养合格的社会劳动者，可现在就业市场的现状是高学历劳动者严重供过于求。一方面，经历了30多年的高速发展后，我国的经济进入了产业结构调整期，增速相对放缓，加上人工智能等新技术的应用，人才的可替代性大幅提高，导致企业对大学生的需求大大减少；另一方面，由于高校多年来快速扩张，加上课程设置与市场需求严重脱节，导致企业很难找到合适的人才。很多大学生“毕业即失业”。

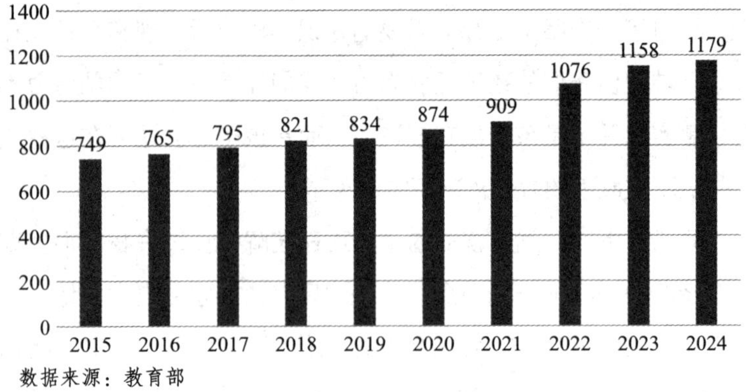

近10年高校毕业生人数图

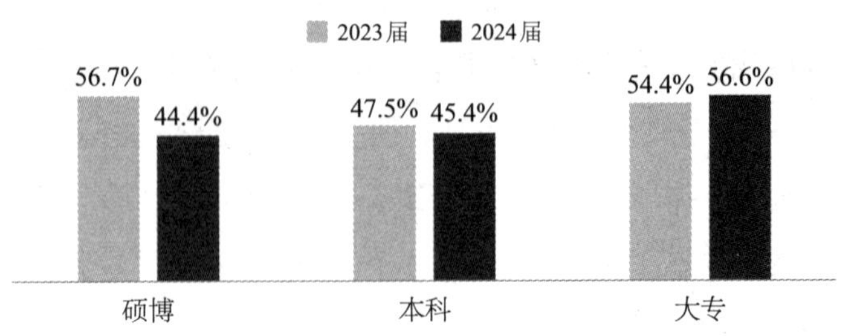

不同学历毕业生就业率

从上面两个统计图我们可以看到，虽然大学生毕业人数连续十年节节攀升，但本科、硕博获得就业机会的比例在连续下降，甚至本硕博就业率已经落后于大专就业率。面对这样的情况，家长还能认为，学历是未来人生幸福的保障吗？

2. 转变观念：学习的真正意义是什么

每位家长都希望孩子把书读好，未来拥有更美好的人生，这是千百年来中国家长共同的心愿，但是在如今这样的时代，这种信念已经失去了稳固的基础：把书读好不能保证未来事业成功、人生幸福。学习换来的一纸证书，往往使孩子养成“托付心态”——那张证书可以给我好的工作和成功的事业，可家长明白现实不是这么回事。

很多家庭因孩子读书成绩的问题导致亲子关系恶化，全家上下处于紧张的气氛之中，孩子拒绝与家长沟通、对家庭厌恶、离家出走、休学、抑郁、自暴自弃……本来家长的出发点是希望孩子在将来能够拥有美好人生，但这时的孩子已踏上相反的不归路了。

我认识一个在北大任教的老师，她说现在出现一个很普遍的现象，就是孩子们进入北大之后开始报复性地睡觉、玩游戏，好像是要把以前所有不允许他们做的事情都做个遍。很多学生因为这种报复性的“放纵”影响了学业，已经到了要退学休学的地步。

这里讲一个“被北大劝退的高考状元”的真实故事。有这样一位学子，他曾是众人眼中的天之骄子。2015年，他以某市理科状元的身份，顺利考入北京大学，并且因成绩优异还获得了优秀新生奖，拿到了一万元奖学金。这样的一个尖子生，却在三年后被北大劝退。为什么会经历这么大的落差？

原来进入北大后，他发现身边的同学都很优秀，不仅学习成绩拔尖，还有很多特长，而他只会学习，加上性格内向不善交友，学习的压力与心里的苦楚无人可分享，当遇到网络游戏后，他发现可以从中迅速获得成就感和快乐，于是他开始日夜颠倒地玩游戏。随着时间的推移，他渐渐跟不上课程进度，多门考试挂科，学校对他的辅导也没有使他产生改变，后来他只能被劝退。

高考学霸尚且如此，普通孩子又有几个能有更强的自律性？所以我们不禁要问，我们家长铆足了劲把孩子成功送进大学，这样就算“完成任务”了吗？如果孩子进了大学，但最终进不了社会，那我们的教育是不是也算失败了？

享誉国际的著名经济学家张五常先生著有一本杂文集——《五常谈教育》。五常先生经历过中西方教育，对两种教育模式皆有深刻体会，并且其本人的求学经历也是一段传奇的人生故事。他在书中分享了他对于教育的一些看法，我认为即使放在今天这个时代，对广大的家长依然很有参考价值。在这里摘录几段供大家参考。

不要以为只有能人异士才可以在国际学术上有点成就。太笨的不成，但我认为只要智力中等，有所用心，教育得宜，在国际学术上赢得一席之地的机会起码有六成。这是因为数之不尽的重要学术研究，并不是非要有大智慧的人才可以做得好。

智力大致上是天生的。然而，大多数人不明白，一个孩子的天生智力怎样，不是由什么智商测验或考试成绩甚至日常的表现就可以知道的。你要让孩子去尝试，去乐在其中地做一下。而又因为天分有许多方面，你要让孩子多方面尝试。

儿童应该多些游玩，多交些小朋友，过一段轻松愉快的日子。这样的日子在童年时不珍惜，长大后机会难再。我们为了他们童年的快乐，即使会荒废了孩子们学业的某方面，也是值得的。无论怎样说，天真的年龄却要被迫“严肃、认真”起来，对儿童长大后的发展有害无益。

好些时候，一个孩子在幼时显得蠢，但到了某一个年纪就聪明起来。我自己到28岁时，才突然间对经济理论融会贯通，觉得课本错得多、对得少，才有胆把前贤之见一视同仁，手起刀落。

我认为“用心”这回事，有一部分是天生的，但在某种程度上也可以培养出来。我一向认为，对事情有兴趣的孩子，做事情时就会用心，就是一个准天才。一般父母不知道，有兴趣是极为难得的事。

只要孩子有兴趣的事情不是不良嗜好，千万不要阻止他。同样重要的是，孩子感到有兴趣的事情是否需要用想象力。电子游戏因为不用想象力，我不会鼓励孩子夜以继日地去玩。我做孩子时流行的风筝、弹玻璃子之类的玩意儿，对想象力的启发就大有用场了。

最后，教育是后天的。学校的教育远不及父母所教的重要。父母要让孩子做多项尝试，不阻止孩子的兴趣发展；而最重要的是，不强迫孩子在无关宏旨的事项上，如考高20分，多下功夫。读书求学是要考试的。考试是衡量，但不是求学的目的。

其实学校教育只是教育的一部分，更重要的是家庭教育，这才是决定一个孩子是否“成人”的关键。教育的目的是促进孩子有所成长，学习只是方法和路径，更重要的是**保护孩子对学习的那份“兴趣”**，对所做的事情有“兴趣”，才能发现“乐趣”，才能不断享受其中，精进钻研，这才是一个人能成才的真正原因。

3. 孩子天生会学习，只是不爱被迫学习

学习并不是只在学校里进行的事，每个人从出生开始，度过的每分钟、经历的每件事都是在学习。从不知道这是什么、这个东西叫什么名字、握在手里感觉什么样开始探索获得经验，这类过程就是学习。从这个角度来说，一个孩子，无时无刻不是在学习状态中的。

孩子的学习能力一点也没有问题，看看他在喜欢做的活动中的表现，看看他的一些使家长生气的表现，如顶嘴等，我们很容易发现孩子其实学习得很快。**孩子本来就没有学习能力的问题，只有学习能力发挥不足的问题。**没有哪个孩子的智力和学习能力是不够的，每个孩子内心都有一个“天才”，只不过在成长过程中，天才的能力没有得到父母和老师充分的引导而发展出来，甚至被错误的方式给“压制”了。

很多家长抱怨孩子在学业上表现得不够积极，甚至不喜欢读书、做作业。**其实，没有孩子是不爱学习的，只不过是不喜欢按照你的标准去学习。**家长往往对很多事情有一套评判标准，认为这个才是好的，那个是不好的；做这个才是学习，做其他的事是没有用的，诸如此类。其实在孩子成长的过程中，从来不会做没有用的事，每一份经历都是他在学习成长的过程，包括捣蛋，包括犯错，包括失败。

当家长强迫孩子学习时只能这样、只能那样，就是极大地限制了孩子的学习动力和能力发挥，也许孩子有100分的能力，但

在你划定的范围里，孩子可能只有10分，当孩子只能用这很少的一点能力去学习，当然就会学得很辛苦。假如再加上父母对孩子的关心和支持不够，对孩子自信的培育不够，孩子往往会感到孤立无助，长此以往，他自己也会认为“我是没办法学得好的”“我根本就不喜欢读书”，因此就彻底放弃了学习，这是我们最不愿意看到的结果。

所以家长需要做的，是用一份开放、包容的心态，让孩子在安全的状态下，可以有足够的探索和尝试，最大限度发挥孩子真正的能力和天赋，这才是对孩子成长真正有帮助的。

我们都有类似的体验，让我们做自己喜欢的事，往往会感到开心和喜悦，甚至能长时间沉浸其中不觉得辛苦。当我们做的事情得到他人肯定和赞美，我们也更愿意再次做同样的事。孩子学习也是如此。乐趣使脑里释放出“内啡肽”（一种大脑神经递质），让孩子处于一种极为放松、无压力状态，并且想重复这种体验，因此孩子便能自动自觉地学习。当孩子得到肯定或嘉奖时，脑里又会释放出“多巴胺”，这是大脑里奖励机制的主要元素，也就是动力的来源。

家长都会抱怨孩子不爱学习，但往往也没有在增添孩子学习的乐趣上下功夫，而是用压迫、否定、斥责、惩罚等方法驱使孩子返回书本或作业上。这些方法不但没有效果，反而启动了“痛苦—恐惧—逃避”的保护机制，使孩子产生很大的抗拒力。

所以，要孩子对学习感兴趣，必须在学习中创造、增加或移入孩子在乎的价值，使孩子感受到学习的乐趣。最有效的方法就是在学习里加入神秘、新奇、节奏快、变化多、意想不到、挑战、比赛、证明有能力、可以帮助人、可以得到肯定这十种孩子最在乎的价值。

阅读对很多孩子来说都是一个挑战，很多家长说孩子不喜欢阅读，那是因为过去家长总是习惯要求他们坐在书桌前规规矩矩地读那些学校指定的、枯燥的作品或者他们不感兴趣的作品。如果我们能给孩子提供他们感兴趣的主题书籍，比如，孩子对飞机、汽车感兴趣，那么在家里明显的地方摆上这些书籍，孩子自然会有兴趣翻一翻。

阅读的地点也可以多种多样。例如，孩子喜欢神秘感，可以用床单、夹子、椅子、地毯等物件，给孩子打造一个“阅读洞穴”。为了营造神秘氛围，你甚至可以在保障用眼健康的前提下用手电筒照明，和孩子一起感受这种氛围；如果孩子喜欢自然，你可以在他阅读的地方多摆放一些植物，利用周末陪他到不同的公园、山野，在大自然中阅读。

你还可以与孩子开展一场阅读竞赛，比如，在规定时间内，比比谁读得准确率更高、读的内容更多……

总之办法有很多，关键在于父母是否有心，愿意去寻找，并和孩子一起付诸实践。很多时候，那些抱怨孩子对学习不感兴趣的父母，往往都只把精力花在逼迫孩子如何学习上，自己也不知道如何从学习中获得乐趣。当试过一些方法发现没有效果后，他们往往也就放弃了，只寄希望于孩子自己转变，这是不现实的。**培养孩子学会从学习中发现乐趣，是让孩子爱上学习最好的方式。**在这一点上父母无论怎么花心思都不为过。

4. 大脑的一个机制，两种模式

谈到学习，必然离不开大脑。能否善用大脑决定着孩子学习能力的发挥。家长们肯定都想知道，如何激活孩子的“学习脑”，这就要从一个机制和两种模式说起。

人脑内部蕴含着一个精妙的奖励机制，这一机制由三个关键区域协同作用，以调控个体的行为与动机。

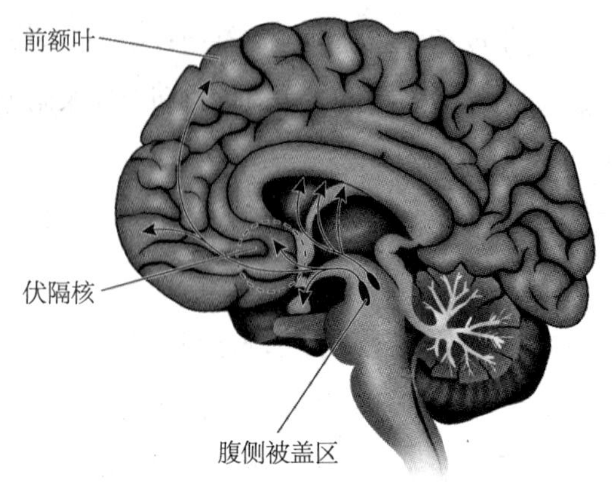

人脑示意图

首先是前额叶，这一区域负责高级认知功能，包括决策和制订目标。当个体面对潜在奖励时，前额叶会发出“我想要”的指令，从而启动整个过程。接下来是位于基底神经节的伏隔核，该结构在接收到来自前额叶的信号后，会分泌一种兴奋激素，促使个体投身于追求目标的行动之中。最终，位于中脑的腹侧被盖区会被激活，进而释放多巴胺。多巴胺不仅是一种重要的化学信使，更是快乐与满足感的源泉，它能够强化个体对特定行为的记忆，从而增加未来再次执行相同行为的可能性。这一系列复杂的神经活动共同构建了人类寻求奖励和快乐的基础生理机制。

当我们在正常的状态下，我们的大脑其实能够依靠这种奖励机制，进入良好的**主动模式**。主动模式是指无须任何刺激，在主动意识驱使下采取新行为的大脑驱动模式。新的行动会带给人丰富的感觉和体验，因此在主动模式下，大脑是充满创造力的，身心也充满活力。而另一种模式是**被动模式**，是指大脑受到某种刺激而产生被动意识，在被动意识驱使下人会重复惯性行为，因为这种方式耗能最少，感觉最安全，但对成长毫无益处。

以我女儿学钢琴为例，当她看到别的孩子用钢琴弹出优美的旋律时，首先就会产生一个“我想要”的动力，这个动力就会驱动她去学习弹钢琴。当她在练习中能够弹出动听的乐曲时，她就会有成就感，会更乐意去练习，进而产生更大的动力，因此就进入了一个正向循环模式。

假如在这个过程中，孩子刚想要学钢琴时就被我们阻止了：“学钢琴有什么好，浪费钱还对升学没帮助。”孩子的动力是不是就消失了？又或者在孩子练习的过程中，老师或家长不断地批评她：“你这里弹错了，那里也不对，怎么老是出错？”当孩子受到这种打击时，动力是不是也会下降？她很可能就直接放弃练琴了。

趋乐避苦是人的天性，孩子更是如此。大多数孩子不爱学习、抗拒学习、逃避学习，是因为在他们的头脑认知里，学习已经和痛苦画上了等号。大部分孩子头脑里的读书学习经验总是负面的居多，比如，过去因为成绩不好受到父母的责骂、每次写作业总是因为一些习惯或问题和父母争吵，每次总是被父母喋喋不休地催促学习……做到的得不到肯定，而做得不足的则一定受批评。若孩子每次想到读书学习就自然有一份负面的感受，他是难以对读书学习产生兴趣的。

还有的父母用过高的标准去要求孩子学习，事实上孩子还不具备相应的能力，当孩子做不到时，父母非但不给予支持，还严加批评责备，让孩子难上加痛。举个比较典型的例子，孩子的书写能力是要到7岁才发育成熟的，因为涉及手部精细动作的能力，以及手指和手腕的骨骼发育和控制力等。父母往往不懂得这点，看到别人家孩子6岁已经能写一手很漂亮的字了，所以逼着自己家孩子也练写字。当孩子写不好笔画，或者写出格了，就在旁边非打即骂，你说这个孩子将来会爱学习吗？他甚至都不能爱上写字。

每个孩子都是独一无二的，拥有各自的成长节奏和个性特点。基于对孩子独特性的尊重，家长应鼓励和支持孩子去探索自己感兴趣的领域，激发并保护他们的好奇心和学习热情，促进其大脑的积极发展。

对于孩子的每一点进步，家长都应及时给予正面的反馈和鼓励；当孩子面临困难或挑战时，家长则应该陪伴孩子共同寻找解决方案，给予必要的指导和支持，帮助孩子建立解决问题的信心和能力，共同渡过难关。通过这样的方式，才可以有效地促进孩子的全面发展，为其未来的成长奠定坚实的基础。

5. 让游戏助力孩子学习

实际上，每个孩子拥有的力量都是很庞大、很足够的，只是没有被教导如何将这些能力转化为具体的、对学习有帮助的能力。具体来说，对学习有帮助的能力包括以下几方面：观察的能力、聆听的能力、接收信息的能力、记忆的能力、有效表达的能力。事实上，这些能力都可以通过一些简单的训练培养出来。

在这里我特别强调游戏的重要性。我们都知道，游戏对于孩子的学习兴趣、记忆力、想象力、专注力、自控力、语言表达力、创造思维力的培养有着积极重要的作用，作为家长应尽可能为孩子创造条件，让他们在玩耍中感受快乐，在玩耍中快乐地提高学习力。

家长必须明白，孩子在做任何事情时，只有感到有乐趣，才会做得快、做得好，学习也是这样。所以安排这些能力提升练习的时候，与其让他们重复进行枯燥地练习，不如把这些练习包装成开心的游戏，家长也一起参与，甚至与孩子竞赛，这样孩子才会更有兴趣，并乐此不疲。事实上，家长做到这一点后，与孩子的关系也会变得非常和谐、融洽，家长本人也会很享受这样难得的亲子时光。

- **用心看，提升观察力**

一个人在观察过程中表现的稳定品质和能力，即观察力。观察力是构成智力的重要成分之一，是一种有意识、有目的、有组织的知觉能力。观察力的高低，直接影响着人感知的精确性、想象力的丰富度和思维的发展状况。

不同个体间观察力存在明显的差异，有的人观察力敏锐，善于捕捉别人不易察觉的细节；有的人观察力则比较迟钝，观察的时候经常粗枝大叶、马马虎虎。在孩子成长的关键期抓好观察力的培养，有利于儿童智力水平的提高。

练习一：车牌号竞赛

与孩子坐在路边或车里的时候，与孩子挑战，看看谁能抢先说出从身边经过的汽车的车牌号。准确率高且速度快的一方获胜。注意，玩此游戏时应优先考虑安全问题，家长在开车时应避免玩这个游戏。

练习二：闭眼说画

在没有提前准备的情况下，家长对孩子说闭眼，孩子需要马上闭眼。然后孩子需要说出闭眼前看到的事物，以及细节。当孩子说了全部能说的，可以睁开眼睛观察5秒再闭眼，并添加细节。如此重复3次，换个地方。轮到孩子让家长闭眼，家长也做同样的事。谁说出眼前环境的细节最多，谁就获胜。

● 用脑听，提升想象力和创造力

爱因斯坦曾说过："想象力远比知识更重要，因为知识是有限的，而想象力概括着世界上的一切并推动着社会进步。想象才是知识进化的源泉。"想象力指在已有的形象基础上，在头脑中创造出新形象的能力。它是右脑的主要功能，涉及对已有信息的重组、加工和创造，形成新的意象、概念或情境。创造力则是一种将想象转化为现实的能力。它涉及创新思维、问题解决、艺术表达等多个方面。

练习一：对话练习

家长和孩子随机挑选题目交谈，在各自开口前，都必须先重复对方上一句所说的话，再说出本人的回应，且必须一字不落。当对方重复有误时，需要纠正，当对方不能重复时，本人可以再说一遍。

练习二：听话说画

让孩子闭上眼睛，家长用5句话说出任意一个生活经验，然后停下来，让孩子用这5句话在脑袋里塑造一些景象，并将这些景象用自己的语言描绘出来。然后让孩子再说5句话，家长根据这5句话想象并描述。记住这不是比赛，而是练习，可以鼓励孩子进行创造性思考。只要孩子能说出他想象的景象，家长就应该进行鼓励，这会让孩子更有热情参与。

• 用“感同身受”提高信息接收力

我们接收信息的方式分为有意识接收和无意识接收两种，有意识接收是有知觉地接收周边事物的刺激；而无意识接收是不知不觉地接收周边事物的刺激，这就是所谓的潜意识。潜意识每秒可以接收并处理大量的信息，但实际上，只有1%的信息能够经过大脑的思维被加工成意识，其余绝大部分信息都被筛掉，储存在潜意识里。

好消息是，潜意识层面接收的99%的信息，可以通过练习而提升至意识层面，也就是可以让我们有意识地洞察、提炼和运用。其中比较有效的练习就是经常关注我们的感受。

练习一：感同身受

看到人或动物的时候，想象自己在他/它的位置，感受他/它当下的内心感受，说出这种感受。家长和孩子都可以这样做，然后分享感受，再讨论彼此感受的不同点。

练习二：放大感受

聆听别人说话、听到好听的歌曲，或者观看喜欢的电影、电视剧时，张开一个手掌紧贴着胸口，这样做会让收到的信息在内心产生更深的感受。

● 提升记忆力，试试共创故事

记忆为智慧之母。正是因为有记忆，我们才能从过往的经验中不断思考、总结、创新、提升。记忆力是智力中最重要的组成部分，也是学习中最重要的一种能力。没有良好的记忆力，学生很难在学习上取得突破，不仅没有成就感，也会感到非常辛苦。

传统的家长认为提升记忆力要靠“死记硬背”，其实这是很低效的。孩子的记忆特点是短时记忆，记得快但忘得也快。由于缺乏理解，单纯死记硬背记忆不深刻，很容易忘。正确的做法是结合“闻”（理解）和“记”（记忆），通过活动、互动、游戏等令人愉快的方式，在增长见闻的同时提高记忆效果。

练习：共创故事

选择一个主题，随便一个人先开口，说出一个符合主题的句子，第二个人接下去，把故事延续下去。每个人说话不得超过3句。每个人接过来时，必须先说出已经创造的全部情节（从第一句开始），再说自己创造的部分。交接超过20次后才能停下，开始新主题。

举例如下。

A：今天我上班，跳上公交车才发现我忘了带钱，有比这个更惨的吗？

B：今天我上班，跳上公交车才发现我忘了带钱，被赶下公交车才发现一只鞋子落在公交车上，有比这个更惨的吗？

A：今天我上班，跳上公交车才发现我忘了带钱，被赶下公交车才发现一只鞋子落在公交车上。当时天在下雨，我手上还拿着10公斤重的包裹，有比这个更惨的吗？

B：……

6. 要想学得快，多用内感官

我们的五官从外界接收信息，储存和运用信息时都需要内感官参与。事实上，每个人的学习与记忆都需要用到3种内感官：内视觉、内听觉与内感觉。

一般来说，内听觉型的人习惯用声音、语言文字来记忆，最适合传统的读书方法。内视觉型的人偏好用景象、画面来记忆，比起死记硬背，将内容转化成画面能让他们更快地记忆。而内感觉型的人注重感受，他们对事情的记忆往往伴随着清晰明确的感受，如果不能把所读内容转化为心里的感受，读多少遍也记不住。

从学习的角度看，内视觉型的人学得最快，因为眼睛可以在同一时间里接收更多、更广泛的信息；内听觉型的人的逻辑性最强，因为声音语言有接收的先后顺序，有比较强的条理性；内感觉型的人学得最深刻，记忆也最持久。比如，那些小时候我们看过百遍、千遍的课文，读过百遍、千遍的文章，如今让我们完整地背诵出来是十分困难的。但是那些带着强烈感觉的事情，却是我们挥之不去的深刻记忆。比如，第一次收到的朋友送的礼物，第一次和男（女）朋友牵手，中学时参加的毕业典礼和成人礼……所以说，调动内感觉参与，学习的效果最好。

值得注意的是，3种内感官虽然各有不同，但并没有好坏、优劣之分，它们都是帮助我们有效获取信息的方式，三者缺一不可。而且内感官的能力和我们运用的偏好、程度并非一成不变的，通过有针对性的训练，我们的感官能力可以不断地被修正。

打个比方，一个人此时的内感官能力是100，比例是内视觉80，内听觉5，内感觉15。经过训练，他可以在一两年内把全部内感官能力提升到10000，比例则修正为内视觉5000，内听觉2000和内感觉3000。3种内感官能力加强了，这个人的思考能力、感受能力、策划能力和自我推动能力也会大大提升。

那么，怎样运用内感官提升孩子的学习能力呢？答案是帮助孩子均衡运用视、听、感3种内感官。

以孩子学习英文单词apple为例。只用内听觉去学便是一遍遍串读a-p-p-l-e，这样不仅费时，而且往往记不牢。3种内感官一起运用，可以先让孩子回想：苹果是什么颜色的？提醒孩子回忆苹果的滋味（香和甜）。然后引导孩子想象用一支粗笔在空中写出红色的apple，让孩子一边看，一边想着苹果的感觉，再念出a-p-p-l-e和apple的发音。为确保孩子用到了内视觉，可以让孩子倒着念出apple（也就是e-l-p-p-a），他一定是在心中看到了这个单词，才能如此读出来。

然后，再教孩子不同苹果的颜色和味道（青绿色，酸味），引导他用另一支细笔，在另一边写出青绿色的apple，再按照上面的程序教他同时利用内视觉、内听觉、内感觉3种感官去掌握这个单词。

用这种方式练习一段时间之后，孩子学什么都会很快，也能记得很牢固。而一个成年人的记忆力，也可以这样提升。

掌握内感官的原理，不仅可以用于有效提升学习力，也是加强人际关系、增进对他人理解的重要工具。在关系中，如果我们更懂得他人，通过一些表现来判断对方的感官类型，从而用对方更易感受到的方式去沟通，能让关系更和谐。关于这方面的内容和技巧，在我们简快幸福关系学系列课程，以及李中莹老师设计和讲授的NLP专业执行师课程中都有详细提及，感兴趣的朋友可以进一步了解学习。

扫码测试内感官类型

7. 了解孩子关于学习的信念

我们前面讲过“信念系统”。信念系统是我们每个人的内在运行模式，几乎操纵着我们人生99%的事情。

信念系统包含信念（Beliefs）、价值观（Values）和规条（Rules），我们脑海里常常有一些特别坚定的想法，我们对它们坚信不疑，它们就被称为“信念”。对很多人来说，信念也就等于真理，只不过这个真理，是他们个人世界的。

价值观是事情的意义和给人带来的好处：其中什么重要？可以给我些什么？可以为我做些什么或凭此我可以得到些什么？价值是我们做与不做任何事的原因。所以，推动一个人的方法必然是在他的价值观上下功夫。

规则是事情的安排方式，也就是做法或行为准则。我们制定规则，就是为了取得事情中的价值和实现有关的一些信念。

信念、价值观、规条三者中，信念最为根本，对价值观和规条起着决定性作用。

当我们谈论孩子不爱学习，作为父母，我们有责任去了解，在孩子的眼中学习到底是怎么一回事（信念），有什么意义和价值（价值观），在学习上要做哪些事才能取得想要的结果（规条）。搞清楚了这些，才能明白孩子对待学习的种种态度和行为，也才能引导他们更好地学习。

- **信念影响对事物的认知**

一个爱学习的孩子可能会认为“看书是一件让我快乐的事情（信念），因为我可以从中收获知识，让自己学识渊博（价值观），所以我每天都花至少一个小时看我感兴趣的书（规条）”。而一个不爱学习的孩子，内在深层的想法可能是“我是一个差生，我不会学习（信念），因为我每次写作业都被父母骂，成绩差也得不到老师的肯定（价值观），所以我根本就不想学习，一上课我就走神（行为）”。

信念并不是天生的，而是在后天成长过程中逐渐形成的。概括来说信念形成主要有4种途径：本人的经历；观察他人的经验；信赖之人（如父母、老师、权威人士等）的灌输；自我思考做出的总结。

本人经历是信念最直接的来源。如果孩子过去曾反复多次在学习上体验到痛苦、困难、不自信，那么他很难对学习产生信念。因此为孩子营造良好的学习环境和氛围、多肯定他的学习能力很重要。

孩子的成长过程中，也会接收大量来自父母、老师、长辈的信念灌输。一部分来自语言的灌输，另一部分来自行为的灌输。很多父母习惯性批评、否定、指责孩子，让孩子形成“我不够好”“我就是笨”等消极信念，说者无心听者有意，这些信念在不知不觉中会伴随孩子一生，是非常需要注意的。

孩子自己总结形成的信念很多也是局限的，如某一两次考试失败的经历，如果没有被正确引导，被孩子当成自己不擅长该学科的证明，那么很可能日后就会出现偏科。

信念影响我们对人、事、物的看法，但我们往往很难察觉，因为它们绝大部分藏在潜意识里面，但会透过语言表达出来。所以父母平时要多与孩子交流与学习有关的话题，以此来了解他们对学习的信念，当发现有限制性的信念时，及时引导他们转变。

在孩子的大脑中，有几种比较常见的限制性的信念，总是在不知不觉中扼杀他们的潜能，需要父母格外注意。

“能力性”的局限信念，即认定我没有能力做好某件事。例如，“我阅读能力很差”“我记性不好”“我没办法安静”。解决的方向是让孩子认识到，能力不是固定不变的，而是可以在练习中培养和发展的，每个人的能力都有很大的培养空间，每个人也都有不可思议的潜能。

“可能性”的局限信念，即认定我没有可能做到或做好某件事。例如，“我不可能入选”“我是不会得满分的”“我不可能成功”。解决的方向是让孩子看到希望。如果这次不可能，那么经过努力会有可能，然后陪他一起找出努力的方向和方法；问孩子“你觉得做什么有可能实现目标？”支持他多思考可能性。

“资格性”的局限信念，即认定我没有资格成功快乐。在众多妨碍成长的信念中，杀伤力最大的就是“我没有资格”。假如一个人认定自己没有资格成功快乐，那么无论别人怎么说、他自己怎么做，他内心深处都只会找自己不会成功、不能快乐的证明。中国的传统家庭教育，很容易培养出有“资格性”局限信念的人。这就涉及到我们开篇提到的自我内核的建立，在孩子很小的时候，父母就要提供安全、温暖、支持、有回应的养育环境，帮助孩子建立充足的资格感。

- **价值观影响做事的动力**

价值观是一个人做或不做某件事的根本动力。著名心理学家、精神分析学派创始人弗洛伊德说过，“一个人做一件事，不是为了得到一些乐趣（正面价值），更是为了避开一些痛苦（负面价值）。”也因为如此，**推动一个人的方法必然是在其价值观上下功夫：找出他所注重的价值**，然后增大和转移这些价值，从而让这个人对某件事情产生兴趣，积极、主动、认真地去完成这件事。

生活中，有一些价值是每个人都普遍在意的。比如，获得认可和尊重、感受到开心和愉悦、有所收获。父母也可以利用这些价值来引导孩子学习和成长。例如，在学习、看书时，给孩子加入一些他们重视的价值，如一句肯定和赞美，一份奖励和犒赏，一些挑战和竞赛，或者营造一种意想不到的氛围等。

对于今天的孩子来说，他们满足自己价值需求的方式变得更加多元化，这既是有利的一面，也是不利的一面。例如，“为什么要上学读书？”“上学读书对孩子的价值是什么？”很多家长没有想过这个问题，只是理所当然认为孩子就应该上学，当被孩子挑战时，他们或许会回答“好好读书才能考个好大学”“为了将来找个好工作”“为了未来可以生活得更好”。

可为什么是这样？谁能保证一定是这样？读好书就一定能找好工作吗？怎样才算生活得更好？找好工作难道只有考好大学这一条路径吗？现在的孩子已经很难认同这些道理了。就算家长说这些都是可能的，但对于孩子来说，读书的价值是这么遥远，而孩子在读书中找不到乐趣，连续十多年为一个渺茫、看不清楚，甚至不可能的目标而努力，有多少人能坚持？

更有效的价值观引导，是让孩子注意到每天都能接触到、得到的价值。

“上学可以增加学问。”学校虽然不是唯一可以获得知识的地方，但它确实是最便捷、有效和专业的让孩子获得知识的地方，而知识学问的积累能让人产生力量和自信。

“上学可以结识很多同龄的朋友。”除了学校，再也没有其他地方能聚集这么多同龄的孩子，孩子会遇到的烦恼，这些同学朋友也都会经历，与他们交流、建立友情，有利于身心健康。友情也是人生当中非常宝贵的东西之一。

“上学可以培养人际交往能力。”通过与不同的老师、同学的相处，孩子能发展十分重要的人际交往能力，这一点，连父母也无法取代。

“上学可以学到学习的方法。”学习除了学知识，更要掌握学习方法。通过不断接触多个学科的知识，培养自己学习方法，最终能找到属于自己行之有效的学习方式，受益终身。

…………

在价值多元化的今天，让孩子找到学习之于他们自身的独特价值，才能让他们愿意为之努力。在这一点上，家长应多花时间与孩子交谈，而不是用自己的价值观去强迫孩子学习，这样做只会适得其反。

8. 用目标激发孩子的学习动力

很多孩子学习没有动力，对待学习总是一副无所谓的样子。生活中也是如此，好像对什么事都没有兴趣。看到孩子这样，家长往往很生气，但也不知道该怎么办才好。

如果你去跟这类孩子谈，会发现他们大多数是没有目标的。他们只知道眼下被父母要求着去上学、做各种事，但对于自己的未来，他们没有认真地想过。既不知道自己将来想做什么，也不确定自己能做什么，这是很可悲的。因为不知道要去哪里时，连上帝都无法帮你。

1952年的一天，一位名叫费罗伦丝·查德威克的女子，准备从美国的卡特琳娜岛游往加利福尼亚，美国很多电视台都在转播这一堪称“伟大”的挑战。

时值清晨，海上浓雾渐起，能见度越来越低，她已经看不见护送她的船只，寒冷和饥饿同时袭来，她的身体开始发抖。

时间一分一秒地过去，费罗伦丝·查德威克看不到前进的线路，心中逐渐变得不安。在苦苦坚持15个小时后，她带着无奈选择了放弃，让人将她拖上了船。

刚上船不久，船上的船员就告诉她：“你距离胜利只差半海里！”

就当所有人都为她感到惋惜，认为是寒冷和饥饿打败了她的时候，费罗伦丝·查德威克却道出了实情：“浓雾遮蔽了我的眼睛，我看不到目标，我很迷茫！”

其实，我们的人生又何尝不是一场被迷雾遮蔽的游泳挑战呢？当我们缺乏目标时，就会对未来的景象充满疑虑，内心变得不安和害怕，对于所有事情充满忧虑，哪怕是对我们自己的身份和价值，也会变得不那么自信。

《爱丽丝梦游仙境》里有一个经典桥段，爱丽丝向猫寻求帮助："请你告诉我，我该走哪条路？"猫反问爱丽丝："那你想去哪里？"爱丽丝说："去哪里无所谓。"猫说："那么，走哪条路也无所谓了！"

目标对于我们的真正价值，不仅在于它是我们所期待的结果，而在于当我们努力获得想要的结果时，我们就拥有了某种自我身份认同。

对于缺乏学习目标的孩子，父母要做的是引导他们建立未来观。如何拥有未来观？很简单，当开始具体地规划未来时，就已经有未来观了。比如，父母可以问问孩子将来想从事什么职业、想过一种怎样的生活、想成为什么样的人、为此要做什么准备、自己有哪些匹配的优势、还需要发展哪些能力……当孩子心中有一个清晰的未来规划蓝图，他就知道该如何努力，会主动朝着那个目标迈进。

如何策划一个清晰有效的未来呢？NLP里面有一个技巧，叫作"理解层次贯通法"，用它来设计未来十分精准有效，威力巨大。很多学过这个技巧的人都说，这个技巧真的改变了他们的人生。无论是在个人成长中，还是职业规划上，甚至在企业管理里，理解层次都是能够帮助人们有效解决难题的工具。

在正式开始这个技巧之前，我先简单给大家介绍一下NLP的理解层次。理解六层次由美国学者格雷戈里·贝特森提出，后经

NLP大师罗伯特·迪尔茨整理发展，便有了经典的“理解六层次”。理解六层次金字塔模型，按照从底层到顶层的顺序，分别为：环境、行为、能力、信念、身份、系统。

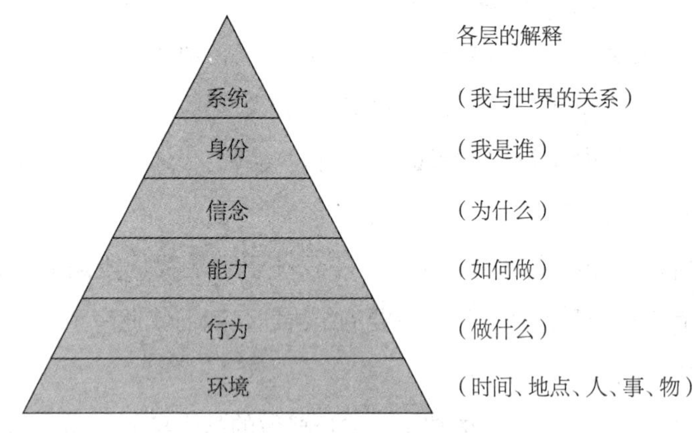

理解六层次金字塔模型

环境：（Where and when）何时何地？是指所在的时间、地点、人物、事物；

行为：（What）做什么？是指所做出的行动；

能力：（How）怎么做？是指对人或自身一种能力的认知，能做到哪一步？

信念：（Why）为什么？是指对事情的价值观，为什么做？什么更重要？

身份：（Who）我是谁？是指对自我的认知，在这个事情里我是什么身份？做这件事是为了让我成为怎样的人？

系统：（Whoelse）我与世界的关系，这件事对他人有什么好处？反映一个人对系统的理解与认知。

NLP的理解层次为我们提供了一个思考框架，帮助个人识别和理解影响他们行为和决策的深层次因素。通过在这些层次之间导航，我们可以更好地理解自己和他人，从而实现更有效的沟通、更深层次的个人成长。

我们知道一个人要实现人生目标，一定和这6个因素分不开。那么当我们从一层层去感受、思考达成目标的感觉，再从目标倒推起点，我们就能感觉到目标已然清晰，我们就有了强大的动力，去实现这个美好的未来。

如果孩子对于人生目标不是很清晰，家长可以引导他们做“理解层次贯通法”，此技巧需要孩子全身心去体验。

在开始理解层次贯通法的练习前，需要准备6张纸，在上面分别写上环境、行为、能力、信念、身份和系统。然后把这6张纸按顺序摆成一条直线，铺在地上，每张纸之间留有一小步的间隔。准备好了，就可以让孩子站在环境这张纸前，闭眼。家长对孩子说出以下引导内容。

- **准备**

现在，你站在这6张纸的起点，准备用这种方法，为自己设计一个清晰成功的未来。你需要闭上眼睛，完成几个深呼吸，让自己静下来。我想请你先为自己设计一个令你感到兴奋的成功目标，如3年或5年之后考入你心仪的某某学校，或者成为某某行业的一员。如果你准备好了，就可以开始这项练习。

- **踏上环境层**

现在，请你踏上“环境”这张纸，想一想与“目标”有关的人、事、物、时、地等资料，这个目标涉及哪些人？在什么地方或环境？牵涉一些怎样的时间节点？你想在什么时候完成这个“目标”，在什么时候开始有变化的出现？不用着急，你有很多时间来想这些问题。想清楚后，进入下一步。

● 踏上行为层

好，现在你向前一步，踏上“行为”这张纸。我想请你想一想与“目标”有关的事情。你现在怎样做？你过去的做法呢？当你真正想清楚这两个问题后，就可以进入下一步。

● 踏上能力层

现在，往前走一步，踏上“能力”这张纸。站在这里，你需要想一想：面对这个“目标”，你曾经考虑过有哪些不同的做法，或者曾经没想过，但现在考虑哪些做法？你拥有哪些能力可能帮助你达成你所期望的目标？哪些能力你可能尚不具备，但可以帮助你达成目标？你有很多时间，可以慢慢地、详细地想，当你完全确认自己已经想好之后，进入下一步。

● 踏上信念层

现在，往前走一步，踏上“信念”这张纸。站在这里，你要想一想：实现目标对你有何意义？其中最重要的是什么？带给你什么？你从中得到了什么？

要知道，绝大部分信念都潜藏于潜意识中，我们可以感觉到，但很难表达出来。不过不要紧，不要用具体的语言和文字去表述，只要我们能意识到它们的存在就可以了。

请你对这些信念说：“让我感受一下关于这个目标的信念、

意义，让我看看什么才是重要的……”这样反复地对你的潜意识说，好让潜意识清晰地知道这些信息。

现在，做几个深呼吸，让这些信息从潜意识升上来，把注意力集中在身体的某一点，重复对潜意识发出邀请。

不要着急，你有很多时间。你会体会到感受从体内升上来，这是潜意识给你的信息。或许你知道如何用语言或文字来表达这种信息，或许你不知道，这些都不重要。保持这份感受，继续放松，让潜意识能够继续给你信息。当你觉得潜意识已经给了你足够的信息时，就进入下一步。

- **踏上身份层**

现在，请你向前，踏上“身份”这张纸。站在这里，说明你潜意识中绝大部分信息已经升上来。不必用语言或文字的方式去理解它们，只要放松自己，然后把注意力集中于潜意识的某一点，反复问自己：“我是一个怎样的人？在我的人生中，我是一个怎样的人？这个目标怎样帮助我实现这个身份？”

请你对潜意识说：“请让我知道，我是一个怎样的人？”放松下来，给潜意识一点时间，它需要时间与你沟通。也许，你会看到一幅景象，或听到某种声音、产生某种感觉。那都是你在接收来自潜意识的有关信息。

当你感觉到潜意识给予你完整、清晰的信息时，就进入下一步。

- **踏上系统层**

现在，当你往前一步，踏上“系统”这张纸时，绝大部分来自潜意识的信息，都不需要用语言和文字来表达。你只需要做三个深呼吸，放松下来，把注意力集中在潜意识里，邀请它给你感受这一层次的力量。

“系统”指的是你与这个世界的关系。把注意力集中在潜意识，请它与你沟通，让你知道你存在的意义是什么，你可以对世界产生什么样的影响。

或许你会发现，潜意识给你的答案无法用任何词语来形容，此时不要强迫自己去形容它，因为它已超越了文字的范围。你接收到的信息可能是一束光、一些颜色，甚至是一种感觉。不用急，放松下来，对潜意识说：“让我感受到我人生之中最深层次的力量是怎样的。”不要刻意去想任何东西，只要保持轻松的状态，跟着你的潜意识走就行。

当你感受到这种感觉时，继续放松，让它更加明显，让你的感受更清晰一点。最好做几个深呼吸，每一次都要更加用力，感受到气体在你身体里膨胀、变暖。

这就是你人生中最深层次的力量。这股力量可以让你的人生更清晰、更成功、更快乐。继续深呼吸，直到整个身体都充实，继续吸气，让这股力量充盈你的四肢，直达每个脚趾，冲上你的头顶。

你已经感受到了这份力量，这就是你所需要的。在你的生命中，它是支持你去做每一件事情的力量，是你最深层次的力量。现在，它和你连接在一起，以后你可以随心所欲地运用它。

请你再深吸一口气，看看可否把这份力量增加到最大。好好地享受这种感觉，享受这种与力量连接的感觉。当你觉得可以的时候，请你慢慢向后转身，仍然站在“系统”这张纸上。

现在，带着这份力量，再想一下你与这个世界的关系，感受你与这个世界的联系，感受你与其他的人、事、物之间的关联，同时感受内心这份力量是如何肯定你与这个世界的关系的。当你想清楚这几个问题后，进入下一步。

● 返回身份层

往前走一步，回到“身份”这张纸上。现在想一想：你在这个世界上的意义是什么？带着这份人生最深层次的力量，你怎样发挥出身份的作用，使你无论在什么时候、什么地方都能拥有正面的、积极的、良好的影响？在你的人生中，你看到自己会因此变成一个怎样的人呢？

无须开口表述，也无须在心中寻找任何文字来表达，允许潜意识运用各种方式与你沟通即可，让它给你信息，让你更明白自己的身份。

不用急，慢慢地感受潜意识涌出来的信息。当你感受到足够的信息后，再进入下一步。

● 返回信念层

再往前一步，回到“信念”这张纸上。想一想：你需要一套怎样的信念最能帮助你获得成功？这些信念中，什么是真正重要的？可以带给你什么？对你的意义如何？

当你感觉一切都准备好了之后，进入下一步。

● 返回能力层

继续往前一步，回到“能力”这张纸上。站在这里，想一想：你带着最深层次的力量，配合你的身份，践行着你的信念和价值，你需要发挥什么样的能力？你所拥有的种种能力之中，哪些最能帮助你、最有用处？你有多少个不同的选择可供考虑？还可以找到更多、更新的选择帮助你获得更成功、更快乐的人生吗？

让自己好好思考一下，慢慢地想清楚。你有很多时间，不用着急。当你想好了之后，再进入下一步。

- **返回行为层**

现在，请你再往前一步，回到“行为”这张纸上。在这里，你要想一想：你要采取何种行动，才能充分运用你最深层次的力量，配合你的身份，践行你的信念和价值，发挥你的能力呢？你打算怎么做？你的计划是什么？你要采取的第一步行动是什么？

慢慢地想，当你准备好了之后，再进入下一步。

- **返回环境层**

现在，请往前走一步，回到“环境”这张纸上。在这里，请你想一想：你怎样运用你最深层次的力量，配合你的身份，实现你的信念和价值，发挥你的能力，做出最有效、最能给你带来快乐的行为？在这一前提下，你所处的环境能为你带来什么帮助吗？

慢慢地想，当你完全准备好了之后，再进入下一步。

- **完成**

现在，往前走一步，闭上眼睛，深吸一口气，感受一下此刻，感受一下内心的力量。然后，转过身，看着这6张纸，用眼睛重复刚才的过程，重温每一张纸给你带来的内心变化和感受。

扫码跟练“理解层次贯通法”

很多时候我们没有办法设立清晰的目标，或者设置了目标却没有推动力，是因为我们思考的路径错了。当我们受限于外在的环境条件、能力行动，我们只可能得到一个“打折扣”的目标，当我们能从“身份”和“系统”层面去思考，也就是从我们个人的使命愿景去思考，有了终极目标做向导，我们制订的目标才会更符合内心深层的愿望，我们当然就会有更大的动力去实现它。

当然，远大的目标不是一朝一夕就能达成的。要实现人生目标，需要从一个个短期小目标去达成。如一年的目标、一月的目标、一周的目标、一天的目标……学会定目标，就能很好地调动自己的热情和能量，不断地保持进步。

目标说起来很简单，但并不是所有人都知道如何正确制订目标。**想要目标达成，定出正确的目标往往是重要的第一步。**不少人定目标时很随意，结果不是因为太困难感觉难以实现而放弃，就是目标达成时才发现并不是自己想要的。浪费了时间、精力不说，也没有达到最终的效果。这里介绍一个帮助孩子建立有效目标的技巧——SMART原则。

一个有效的目标，至少应该符合以下5个要素。

（1）清楚明确（Specific）

目标不能是笼统的，而应是能够准确描述出来的。描述得越准确，注意力就能越聚焦。例如，不把目标设定为“提高数学成绩”，而是设定为“在下一次数学考试中达到90分以上”。

（2）可以量度（Measurable）

量化，是为了消除模糊，判定是否达成目标。所以，目标确定时尽可能不用虚化的词。例如，“争取下次考试有突破”这一目标中，“突破”就是一个比较虚化的词。可以改为“下次考试考到班级第10名”，这样目标就清晰了，目标是否达成也能准确地判断出来。

（3）可实现性（Achievable）

目标必须是通过努力能达到的。过低则没有挑战性，不能激发积极性；过高则容易屡战屡败、根本完不成，挫败孩子的自信心。所以目标必须结合孩子的实际情况量身定制。例如，一下子将英语提升10分，对于孩子来说难度较大，而如果将目标朝着可实现的方向分解，多做对一道听力就可以提升2分，多掌握一个词组就可以提高2分，多掌握一个语法就能提高2分，多练习作文表达就可以提高4分，如此一来目标实现的可能性就大大提升了。

（4）有满足感（Rewarding）

当目标达成时，孩子能从中得到一些需求和价值的满足。可能是外部的，诸如荣誉和奖励；也可能是内部的，如成就感。适当的外部奖励可以提高孩子的积极性，但如果过度依赖外部奖励，当奖励不能维持或改变时反而容易影响孩子的动力，这一点需要注意。建议父母和孩子共同商议，选择有长期意义和价值的事物作为奖励。

（5）有时间限制（Time-frame Set）

每个目标都必须有明确的截止时间。有截止时间才会有紧张感，才能激励孩子提高效率。如果目标的期限较长，建议将其拆分为几个短期的小目标。如果目标是在本学期结束前提高数学成绩，可以进一步分解为每月的小目标，如“第一个月掌握乘法、除法，第二个月掌握简单的几何问题解决技巧”。

最好由孩子主动制订学习目标，家长不要越界，更不应“代劳”，最多只是给予评估和建议。目标是为人生服务的，只有孩子自己订立的目标，才能够充分调动孩子的积极性，让孩子主动坚持。

另外，当孩子在执行目标的过程中遇到挑战和困难，父母应多予以支持和鼓励，及时提供帮助，而不是趁机嘲讽打压，折损孩子的信心和积极性。

第八章

家长自我状态调控

1. 放轻松，孩子并不需要满分父母

常言道：知子莫若父，爱子莫若母。父母对孩子都是怀着满分的爱和殷切的期望，父母也都在尽自己最大的努力培养孩子，期望把孩子引领到一个美好的未来。可是父母又不知道怎样做才是好父母，怎样做才能确保孩子一生幸福？这些问题其实并没有标准答案。就像一场开卷考试，每个人只能尽力去做，至于结果，现实会告诉你答案。

有位妈妈曾经找我做咨询，在生孩子之前，她曾经是一家500强企业的高管。因为工作压力较大，也为了能更好地照顾孩子，这位妈妈在生产完就辞职了，成为全职妈妈。

这位妈妈自己的事业成功得益于良好的教育，所以她也非常重视女儿的教育，希望女儿能在各方面都表现出色。所以，她从小就对女儿的教育设立严格的标准，从学业到课外活动，她都力求最好。她几乎把所有的时间和精力都投入到了女儿的学业和课外活动上，她陪女儿参加各种补习班和兴趣小组，监督她的学习进度，并时刻关注她的成绩。然而，这种过度的关注和控制让她自己承受了巨大的压力，使她经常感到焦虑和疲惫，甚至在女儿面前崩溃流泪。

在这位妈妈的规划下，女儿在学业上的表现一开始确实很优秀，但随着年龄增长，女儿在心理上感到极大的压力，她害怕失败，担心不能满足母亲的期望。这种压力最终导致女儿在青春期出现了焦虑和抑郁的症状，她开始抗拒学习，甚至对母亲产生了强烈的敌意。

这个案例表明，过度要求完美的父母，对自己和孩子都是一种伤害。过度投入不仅给自己带来了巨大的心理负担，也让孩子的成长环境变得紧张和不健康。长期在这样的环境下，孩子无法成为自己，只会逐渐走向病态。

事实上，孩子并不需要满分父母，也没有父母能做到满分，足够温暖的父母便可以支持孩子的成长。

● 足够温暖的父母，会用陪伴给孩子安全感

不知道从何时开始，父母的陪伴对孩子来说变成了一件很“奢侈”的事。一项数据显示：七成中国父母没时间陪孩子；仅30.32%的父母有足够的时间陪伴孩子；随着城市生活节奏的加快，全职父母占比不到一成。父母缺席孩子的成长，是造成“问题孩子”增多的很大一部分原因。

中国人民公安大学教授、青少年犯罪心理研究专家李玫瑾教授在《心理抚养》中描述了这样一个案例。

一对父母外出打工，将儿子留在了老家。没被父母陪伴过的男孩12岁就辍学，做了一件事——在父母所在的城市“偷钱”。第一次被抓后被爸爸领回家教育；第二次作案，儿子告诉警察自己作了几次案，一共偷了多少钱，并且让警察给他判刑。其实，每一次被抓，他都是想见一见父母。

如果童年时期，父母给孩子的关爱与陪伴不够，孩子的性格就会冷漠、自卑、敏感，认为他是不被爱的。只有足够温暖的陪伴，才能唤醒孩子的“灵魂”。

辽宁丹东的徐先生，因为工作繁忙，一直以来都忽视了家庭，进入青春期后的儿子和妈妈的关系闹得很僵，逐渐发展到厌学。得知儿子厌学后，徐先生主动放下了工作，带孩子进行了一场50多天的自驾旅行。他们去了很多地方，看了很多风景，在父亲的陪伴和鼓励下，孩子在思想上有了极大的改变，对学习重新提起了兴趣。

有一句流传甚广的话，打动了无数父母：孩子的所有“不乖”，其实都是在向父母呼唤爱。如果你有时间陪伴孩子，看一看他的世界，你会发现：其实孩子的世界里都在渴望父母的回眸。所以趁孩子还需要我们陪伴的时候，多给他们一些陪伴吧，因为陪伴，是孩子一生的能量场。

● 足够温暖的父母，会用信任给孩子力量感

有一个二年级的孩子，每天不吃学校的饭菜，只吃饼干零食。背后的原因很是“扎心”。原来，从孩子上学第一天起，这位妈妈一到放学，就开始不停地询问孩子：“今天中午吃的什么？每道菜都有哪些食材？是怎么烧的？”就连番茄炒蛋，也要问问孩子“到底是番茄多还是鸡蛋多”。每次妈妈都要刨根问底，惹得孩子反感，不吃饭就是他“无声的抗议”。

这大概是很多父母的通病：过度担忧孩子。吃饭挑食，担心孩子发育不好；没考好，担心他学习不认真；周末想睡一会懒觉，担心影响学习。却不知，你的每一次担忧，都在向孩子传递

一个概念：我不信任你。

成年人会习惯性地低估孩子的能力、智力、判断力和理解力，习惯性地忽略孩子的声音。当孩子的能力被不断低估以后，会形成一种负面的自我暗示：我很差劲。因此，不被信任的孩子，会慢慢弱化自己的能力，变得越来越没有自信。

自信是孩子建立自我价值的关键一环，没有自信就没有足够的自爱，没有足够的自爱也就不会有自尊。一个没有自信、自爱、自尊的孩子，又怎么有力量去面对成长路上的风雨呢？就更别谈实现一个成功快乐的人生了。

所以，当父母停止担心，孩子才会变得有力量。温暖的父母懂得给予孩子信任，相信他们能用自己的能力成长。当孩子每取得一点进步，就用肯定增加他们的信心。

比如：孩子考试前，你说“你学习这么认真，我相信你这次一定会有进步”；孩子胆怯一件事时，你说“我相信这点困难难不倒你的”……在家庭教育中，只要父母的信任给到位，就能唤起孩子无限的能量。

● 足够温暖的父母，会用共情给孩子幸福感

中国式父母大多数时候没有共情能力：孩子考不好，父母就会劈头盖脸地骂过去；孩子被人欺负，父母不去安慰他，还会嘲讽孩子“胆子这么小，不欺负你欺负谁”……因为从来不被在意，所以这样的孩子长大后也无法理解自己的感受，只会又变成无法共情孩子的父母。

共情，就是站在对方的角度去感受，当我们眼里有孩子，心里也有孩子，我们就能做到理解。其实共情并不难，它藏在一件

件小事里，每一次我们都可以练习：

当看到孩子因为丢失一块橡皮而哭泣时，你能理解他的难过和伤心，而不是嘲笑他；

当看到孩子因为没考好而低落时，你能读懂他的挫败和不甘，而不是批评他；

当看到孩子被同伴冷落，你能感受他的委屈和落寞，而不是挖苦他……

孩子伤心了，告诉他“我知道你很难过”；孩子没考好，告诉他“我知道你很努力”……

父母学会共情，孩子才会拥有“感同身受”的能力。父母学会共情，才能为孩子注入更多的爱和幸福感。

2. 在爱孩子之前，请先爱你自己

中国式父母习惯了牺牲。很多父母认为，有了孩子就注定要牺牲一部分自我，因为一旦担负起照顾孩子的责任，就失去了照顾自己的权力和自由。但其实，带着牺牲和奉献的爱，对你和孩子可能都是一种伤害。

我们从小到大一定都听父母说过不少这样的话："要不是为了你，我早就……"，小时候我们没有能力抗拒，可能会带着一份小心翼翼和愧疚去接受这份爱，可是长大了我们会心生厌烦，这不是伟大，而是"绑架"。

还有的家长喜欢边付出边抱怨，为什么？因为他们的内在是匮乏的，他们付出的前提是希望得到同等回报的爱，当他人没有满足他们的期待，他们就受伤了，就委屈了，就产生了抱怨和指责。这会让接受他们爱的人的内心变得非常沉重。

我们的学习力导师曾分享过她的成长故事。她的母亲对家庭付出了很多，做什么事都是想着为这个家好，但她却无法与母亲亲近，甚至在很长一段时间里，她学习成长的动力就是早点离开母亲，离开这个家。为什么这位母亲明明付出了很多，却让女儿感受不到爱，只感受到痛苦呢？后来在聊天中我们找到了原因，因为这位母亲在每次付出的时候，总在抱怨。比如，这位学员生病了，母亲很用心地照顾她，但在照顾的时候却总是抱怨："你看吧，就是因为你衣服穿少了才会感冒。早跟你说了，就是不听，贪图漂亮！”“我很忙，可我现在还得来照顾你！”“赶紧多喝点水，哎，我真是忙死了！”后来这位学员即便生病了都不愿意跟母亲说，因为怕母亲又数落她。

我们每个家长对孩子的爱都是100分的，没有家长会不爱自己的孩子，但如何才能让孩子感受到我们的爱？爱的第一步是平等，不平等的爱只能叫“控制”。

有一句对爱的诠释，我很喜欢：“爱是心甘情愿对你好”。当你足够爱自己的时候，你的内在是充盈的，是富足的，你的爱才是心甘情愿的，才不是充满抱怨的。

而当我们不爱自己的时候，我们内在是枯竭的，给出去的“爱”带着强烈的索取，会变得扭曲又沉重，那是一份难以承受的爱，那甚至都不再是爱，而是毒药。

在成为父母之前，我们首先是我们自己，只有照顾好自己，才有足够的心力做更好的父母。当我们能够真实地面对自己的感受和情绪、照顾自己的感受和需要时，其实我们也是在教育孩子如何面对真实的自己，这是他们建立完整自我非常重要的功课。

比如，我如果在工作中感觉到很累、有情绪，我回家会先跟孩子说：“今天妈妈心情不好，需要静一静，你们要给妈妈一些空间，不然不小心就会成为妈妈情绪的炮灰啦！”

其实这不是让孩子察言观色，而是在告诉他们，妈妈不是超人，妈妈也是真实的人，妈妈也有情绪，但情绪是妈妈自己的事情，妈妈自己会去处理，而不是把情绪发泄在他们身上，让他们觉得是因为自己不好，导致了妈妈的情绪。

我们与自己关系的质量，决定了我们的亲子关系的质量。如果我们不爱自己，就无法让孩子学会自尊自爱；如果我们对自己没有耐心，我们就无法对孩子有耐心；如果我们自己没有能量，就无法培养出能量满满的孩子。

“爱人先爱己”，爱别人的前提是爱自己，父母只有先安顿好自己的身心，才能更好地帮助孩子成长。家庭治疗大师萨提亚女士有一首关于爱的诗，非常形象地说明了“爱自己”的重要性，在此跟大家分享一段。

如果你爱我

萨提亚

请你爱我之前，先爱你自己
爱我的同时，也爱着你自己
你若不爱你自己，你便无法来爱我
这是爱的法则
因为你不可能给出，你没有的东西
你的爱，只能经由你而流向我
若你是干涸的，我便不能被你滋养
若因滋养我而干涸你，本质上无法成立
因为剥削你，并不能让我得到滋养
把你碗里的饭倒进我的碗里
看着你拿着空碗去乞讨
并不能让我受到滋养
牺牲你自己来满足我的需要
那并不能让我幸福快乐

那就像你给我戴上王冠
却将它嵌进我的肉里，疼痛我的灵魂
宣称自我牺牲是伟大的
那是一个古老的谎言
你贬低自己，并不能使我高贵
我只能从你那里学到“我不值得”
自我牺牲里没有滋养
有的是期待、压力和负担
若我没有符合你的期望
我从你那里拿来的便不再是营养，而是毒药
它制造了内疚、怨恨，甚至仇恨
…………

3. 爱自己的 5 个小技巧

● 呼吸放松法和冥想

生活中常常会有一些事情让我们感到烦躁、焦虑、疲惫、压力，我们带着这些感受去面对孩子和家人，就像带着一颗易爆的气球，很容易因为对方的一些小事就“爆炸”。而掌握一些放松技巧，就像及时给这些气球放气，能让我们以更平静的状态去面对生活。

呼吸放松法是一种简单易行的方法，当感到压力大、有情绪、焦虑时，我们都可以这么做，只要几分钟，就能感觉到状态改善。

【呼吸放松引导】

请尽量放松，聚精会神。请选择最舒服的姿势，你可以躺着，也可以坐看，试试看，直到你找到最舒服的姿势为止……微微闭上双目，让身体处于放松状态。

先深深地、慢慢地吸气，当气流穿过鼻腔时，感觉吸入的气体凉凉的。当你感觉腹部被充满，憋气3 ~ 5秒，再缓缓地、自然地呼气，呼出的气息暖暖的。吸气和呼气的同时，感受腹部的起伏。对，就是这样，继续保持深而慢的呼吸。

现在，把你的注意力放到呼吸上，它平静、均匀……注意你的胸腔，它缓缓地，一升一降……肚皮也在一伸一缩……仔细感受，你会发现空气正顺着鼻腔的内壁缓缓摩擦着鼻腔。

体会身体在呼吸时的感觉，想象每次呼气，都是把身体里的压力和紧张释放出来……每次吸气，都是把外界的能量和养分吸入体内……呼气的时候尽量告诉自己，我现在很放松、很舒服。注意感受自己的呼气、吸气，体会“深深地吸进来，慢慢地呼出去”的感觉，吸气和呼气都变得缓慢而绵长。对，很好，就是这样。

现在感受你的脚底有股热流在汇集，这股热流经过踝关节到小腿、膝盖、大腿、臀部、背部、颈部、后脑勺。然后经过后脑勺、颈部、背部、臀部、大腿、膝盖、小腿、踝关节，再运行回脚底，结束，现在你可以睁开眼睛了。

如果时间相对充裕，冥想也是个不错的选择，每天花十几分钟进行冥想，不仅能够减轻压力和疲劳、放松身心，还能够消除负面情绪，让我们的头脑保持清醒，长期坚持冥想甚至可以提高我们的记忆力和专注力，让我们的心态更积极，幸福感也会变得更强。

扫码冥想——“爱自己”

• 觉察、理解和接纳自己的感受

生活中，当我们感到痛苦、烦躁、焦虑、难过等情绪时，往往想到逃避。但事实上，你越想逃避，越盼望它消失，它就会越强烈。

不如转换思路，对自己说：“悲伤（或焦虑、愤怒）不是我的敌人，我可以有这种情绪，我可以接受自己的不舒服。”提醒自己去觉察、理解和接纳，可以有效调节自己的不良情绪。

觉察：说出你的情绪。

例如：“我现在压力很大！”“我今天觉得很不舒服。”“我现在很难过。”或者“我觉得肩膀疼得厉害。”

理解：尊重感受，告诉自己，我们的各种感觉和感受都是需要被理解的，这么做能让我们更加接受身体当下的状态。

例如：“我太累了，要照顾孩子，要忙工作，还有那么多的家务事……所以我感到压力大很正常。”

接纳：允许自己拥有这样或那样的感受。

大声告诉自己或在心里默念：“我完全可以觉得生活不容易。”“带孩子真是一件苦差事，我允许自己这么想。”

当我们接纳了自己的情绪，我们就不会与之对抗。当情绪被接纳，也就能够自由流动，然后你会发现，当你接纳了情绪，情绪很快就能被释放了。

释放：做一些你喜欢的事，让大脑放松下来。

当情绪郁积在身体里，我们会有一些躯体化的反应，如感觉胸口闷、小腹胀痛、背部疼痛等。通过做一些轻松简单的事，让我们的注意力转移，同时让能量流动起来，就能释放这些情绪。

在心情好的时候，可以整理一份清单，罗列一些马上能让你行动起来的小事，如浇花、扫地、跳舞、画画、阅读、泡茶、出门散步等。每当感觉状态不佳时，就可以从中选出一些事来做。做的时候让大脑保持放松，不再去想那些让自己不开心的场景，而是专注在当下的行为，这样很快就可以感觉到身心平静。

- **看见并满足自己的需求**

日常生活中，很多父母从小就习惯于把别人的痛苦认定为自己的责任，所以，一旦看到我们的伴侣、朋友或孩子因为我们而不高兴，我们往往就会放弃自己的需求。

例如：晚饭后，你特别想一个人安静地呆一会，提出让伴侣照看孩子，伴侣却推三阻四，一脸的不情愿，这时你内心虽然感到生气，但为了孩子，也为了避免冲突，你就可能放弃自己尚未被满足的需求。

可是当需求被压抑，它并不会消失，而是会一点点积累在心里，变成委屈和怨恨。我们必须认清，我们是无法让他人避免不便和痛苦的。照顾自己是每个人自己的责任，我们没有责任确保他人快乐，他人也没有责任来确保我们的快乐，我们需要的是彼此的合作。

当你能够看见自己的需求后，你要理性地思考该如何更好地处理自己的需求。这里跟大家分享三种方法。

第一，选择用有效的方式改变对方，让对方继续满足你的需求。有时候对方不满足你的需求，是因为你的方式无效，换个方式也许就有成功的可能，如一致性的表达，真诚地告诉对方自己的需求是什么，而不是对方应该做的是什么。如果你愿意满足我的某个需要，那么我愿意为你做的有哪些。

第二，放下对对方的要求，换个有能力且有意愿的人来满足自己的需求。

第三，自己爱自己，自己满足自己。向他人索取并不是满足自己的唯一方式，自己满足自己也是重要的方式。

• 给自己独处的时间

在忙碌的家庭生活中，给自己留一些独处的时间非常重要。可以利用这段时间做自己喜欢的事情，如听音乐、看电影、做瑜伽、散步、泡个热水澡等，让自己的内心得到充分的放松和滋养。

如果你喜欢绘画，那么可以在孩子休息或者上学的时候，抽出一点时间来画几笔；如果你喜欢阅读，就给自己留出一段安静的阅读时光，沉浸在书的世界里。沉浸在自己的兴趣爱好中，能让你感受到生活的乐趣和成就感。

• 修复与自己的关系

在成长的过程中，我们不可避免的会有一些不愉快的经历。无论自己做得好或不好，都会造成不接受自己的情况，导致我们常常与自己过不去，否定自己，也不接受身边的人、事、物。当我们不接受有情绪的自己时，我们也无法接受他人的情绪；当我们不接受软弱的自己时，我们也不能接受身边人的软弱。

当我们处理好了与自己的关系，我们才能以更加包容的姿态处理与他人的关系。简快幸福关系学课程里有很多改善与自己关系的技巧。在这里我们可以练习“接受自己法”。

扫码跟练“接受自己法”

4. 连接父母，连接生命源头的爱

我们一生都注定要经历两段关系：一段是我们作为孩子，跟父母的关系，也就是“子亲关系”；另一段是我们作为父母，和子女的关系，也就是“亲子关系”。

我们的生命源自父母，在成为父母之前，我们也曾经是孩子，我们的父母对我们的养育方式，无论我们认可、接受与否，都会在心里留下深深的烙印。

有一个女生，总是抱怨自己的男友说话难听。女生随口问一句：“你在吃饭啊？”男友想也不想，就甩回一句：“难道等你喂我啊？”

很长时间里，女生都为男友这样的说话方式而生气。直到女生第一次去男友家做客，无意间听到男友和妈妈的对话才恍然明白，这一切的根源在哪里。

男友问妈妈：“夹子在哪儿？”他妈妈反问：“夹子在哪儿你不知道？”男友又问：“是不是在阳台？”他妈妈又反问：“不在阳台还能在哪儿呢？”

一个人童年时期与父母的关系模式，会深深地内化到潜意识中，成为其他关系的模板，包括夫妻关系、亲子关系、人际关系，甚至与财富、事业等的关系。所以在心理学上，将与父母的关系称为**“决定关系的关系”**。

与父母的关系决定我们的婚姻关系。父母没提供给我们的，我们就想从伴侣身上弥补。目睹父母的婚姻状态，我们会找一个和父母很像或者截然相反的伴侣。父母的关系对我们爱情观的影响根深蒂固，以至于我们对伴侣的某一特质会过分执着，我们会因为对方能给到父母不能给予的东西而爱上他，也会因为他太像父母不好的一面而痛恨他！

与父母的关系决定我们的亲子关系。没有人生来就会做父母，我们教育孩子的方式多数是从自己的父母身上习得的。假如父母没有给你足够的爱，没有用正确的教育观对待你，那么在亲子关系中，你也很难用恰当的方式去表达你的爱：比如，本来想表达对孩子的关心，可是话到嘴边就变成了指责、催促、否定；本想与孩子更亲近，却因为过度的控制欲让孩子只想逃离；本想让孩子更上进，却因为不懂表达让孩子感受到的只有不信任、不尊重、唠叨、管控……

与父母的关系决定我们的人际关系。从小在父母爱的浸润下长大的孩子，往往更加自信，做事充满信心，在人际关系中也更加如鱼得水。而从小缺爱的孩子，往往自信不足，做事畏首畏尾，不敢社交，害怕别人亲近自己，恐惧权威人士等。

与父母的关系，甚至还影响我们与财富、事业的关系。如果你跟金钱的关系不好，可能来自你与父母关系的对抗。你在财富上的认知局限，也来自你父母的金钱观：挣钱是辛苦的；钱不能随便花，要省吃俭用；有钱容易变坏；钱够用就行了……这些金钱观从小浸染着你，长大后即便你有机会得到更多的财富，你也会因为这些观念的限制而畏首畏尾。

父母是我们的根源，是我们对待一切关系的潜在、深层因素。只有真正看见我们与父母的相处模式，在处理其他关系时，才能打破旧模式，避免错误和伤害的循环。看见自己过去的伤痛，并不是让我们有理由沉浸在对父母的指责和控诉中，而是让我们看到现在的模式是如何形成的，以及为了更好的未来和效果，我们该如何找到更有效的路径。

在我们的生命中，“子亲关系”可能呈现以下3种状态：拒绝、接纳、感恩。

“拒绝”状态，就是拒绝承认父母，拒绝承认“我是他们的孩子”。

“接纳”状态，就是承认父母、接受父母，认为“自己是他们的孩子”，但并未与父母建立很强烈、很可靠的连接。

“感恩”状态，就是我们身为子女，对父母充满感恩。一个人对父母的感恩，往往源自早年时，父母对其正确的教养方式和无条件的爱。

父母与子女的关系，是绝对的，是无从选择的，是不可否定和拒绝的。**拒绝接纳父母，排斥父母，就等于排斥和否定我们自己。**

在父母赐予我的生命里，已经包含了父母，乃至每代父母的全部力量和爱，这是每个人经营成功和快乐人生最基本、最核心的资源。如果拒绝接受父母，就等于拒绝这份生命的力量和爱，而力量与爱不足的人会生活得很辛苦，婚姻、事业都容易不幸福。

我们是通过父母而获得生命的，父母是我们的起源。否定了他们，也就否定了我们的根本，否定了我们存在的身份。如此一来，我们也会迷失方向，对于子女的抚养和教育也会失去根本。终有一天，你或许会发现，当你无法接纳父母，你所教育出来的孩子同样也会无法接纳你。因为从根本上，你和你的父母是如此相像，这一点不会因为你无法接受而改变。

当我们出于某种原因，而对父母产生拒绝和排斥心理的时候，我们如何转变自己，变得接纳父母，感恩父母呢？那就是学会与父母和解，学会对父母说“是”。

我们每个人都是不完美的，我们的父母肯定也是不完美的，生命不能重来，我们也不能换个父母。父母给予我们生命，他们也有自己的人生，有其他事情要照顾，大家都没有约定父母一定要如我所意。就像我们前面谈到的“生命之火”，我们人生中所做的事，都源于父母传给我们的生命里的力量。因此，面对父母，我们一方面要完全接通经由父母传下来的那份源于生命的爱和力量，另一方面，要尊重父母，并怀着感恩之心做自己。

学会接纳父母、对父母说“是”，不是让我们对父母的品格或行为说长道短，而是单纯地站在子女的角度，认同“他们是我们的父母，没有他们也就没有生命”的真相。对于父母的优点和缺点，父母的不足和局限，父母过往的经历和所作所为，我们都没有资格评判、挑剔和指责，只能全部接受。因为父母在系统层面上，已经完成了他们需要完成的任务，把生命完整地传承给了我们。他们的种种不足造就了我们的今天，甚至成为我们能力发展的源头。今天拥有的一切，里面已经包含了父母全部的恩典。

当我们选择接纳父母、感恩父母，也就选择了成为自我，不断完善自我。那么，我们不仅将迎来一个全新的、完整的、更有力量的自己，还会建立起更良好的亲子关系。

扫码做“接受父母练习”

从“爱”出发，成就更好的亲子关系

亲爱的家长，当你认真阅读完这本书，来到这里，相信在关于如何经营亲子关系、如何更好地教育孩子这件事上已经有了些许收获。还记得最初你是带着怎样的期盼翻开这本书的吗？现在此刻，当你读完这本书，对于当初那些迷茫、疑惑和焦虑，是否已经找到了答案？

我深深相信，每个父母因着对孩子那份爱，内在本已具备成为一名好父母的智慧。所以我写这本书的目的并不是给各位父母一个标准答案，而是借此激发大家内在的智慧，让我们试着从一些新的、或许更有效的角度，来重新看待我们和孩子之间的关系，通过一些新的尝试和改变，让孩子的未来因此有所不同。

学习的过程，就是成长的过程。如果你愿意将阅读本书看作一次父母的成长之旅，那么回顾我们一路走来的旅程，你会发现，我在这次旅程中精心设置了8个“站点”。

第一站，建立完整自我，是关系孩子一生幸福的密码。在前言和第一章，我通过孩子的“完整自我”是如何一步步构建的，来表达父母才是孩子建立完整自我的关键因素。父母的唯一责任，是在孩子成长的每个阶段帮助孩子培养出足够健康的自我，以及发展出能照顾自己人生的能力。以这个导向为前提，我们的亲子教育才不会偏离方向，才更有可能收获一个我好、你好、大家好的“三赢”结果。

第二站，关系是教育的基石。良好的亲子关系不仅能让我们更享受有孩子之后的生命状态，也是孩子接受我们教导的重要前提，更是本书的核心主题。在亲子关系上，父母应放下陈见，与孩子“一伙儿”，以正确的信念为指引，努力通过各种积极的方式，去和孩子建立平等、信任、相互支持的关系。在这样的状态下，亲子关系才会更加和谐、亲密，我们的一切教导才更容易进入孩子的心里。

第三站，“三不”原则是建立良好关系的核心。父母应从心态、语言、行为三个层面，做到不否定、不说教、不对抗，努力营造“三不”的家庭环境。在这样的环境下，孩子才能更好地建立自我，发展出足够的自信、自爱和自尊。

第四站，正确应对孩子的情绪。不恰当的情绪表达方式是造成亲子关系僵化、冲突的主要原因，我们需要理解孩子情绪背后的原因，学会做孩子的“情绪容器”，用正确有效的方法引导孩子走出情绪、有效解决问题，并在情绪恶化时及时调控，逐步培养他们管理情绪的能力。当我们克服了情绪障碍，亲子关系往往会上升到一个新的台阶。

第五站，有效沟通是亲子关系的桥梁。无效甚至错误的沟通只会让孩子对我们关上心门，有效的沟通才会让亲子关系更加和谐。通过学习倾听技巧、表达技巧、“先跟后带”的引导技巧，我们可以让孩子感受到更多的信任、爱和支持，从而获得更多的勇气去面对成长中的各种困难，成为一个更有力量的自己。

第六站，帮助孩子走出手机沉迷。问题是成长的契机，孩子沉迷于手机的背后，往往有着未被满足的需求。父母如果能够关注到孩子的这些心理需求，通过重建连接、重启动力、重塑自我等三大方向主动做出调整和改变，就是为孩子的未来人生增添了一份资源和动力。

第七站，引导孩子爱上学习。学习真正的意义是帮助我们探索和成长，而不仅仅只是考试和分数。为此父母应转变观念，从更广阔的视角看待学习，帮助孩子找到学习的乐趣，并通过各种方式鼓励孩子参与学习、提升学习能力。

第八站，家长自我状态调控是关键。做父母之前，我们先是我们自己；爱孩子之前，父母也应学会先爱自己，只有自己内在的爱是充足的，我们才能让这份充足的爱流向孩子，滋养孩子的成长。成长的过程和每天的生活都会给我们带来很多的压力和负面情绪，通过一些爱自己、理解和接纳自己的方式，我们可以保持情绪稳定，更好地陪伴孩子成长。更重要的是，从生命的层面，我们要连接父母这份源头的爱，让我们内心获得源源不断的力量和滋养，这才是支撑我们做得更好的源泉。

亲子教育是一场充满挑战与收获的旅程，也是一场探索自我与重拾爱的旅程。通过学习，我们的内在发生了一些变化，在接下来的生活中，必然会发生某些改变。唯有爱，是成就世间一切幸福的最大力量。愿我们都能成为孩子生命旅程中最温暖的陪伴者、最坚定的支持者，携带着这份深沉的爱，陪伴孩子茁壮成长，共同创造一个充满幸福与希望的未来！